유쾌한 고독

혼자를 시작하는 개인주의 인문학

유쾌한 고독

혼자를 시작하는 개인주의 인문학

초판 1쇄 인쇄 2018년 2월 2일
초판 1쇄 발행 2018년 2월 9일

지은이 안용태

펴낸이 이상순
주　간 서인찬
편집장 박윤주
제작이사 이상광
기획편집 김한솔, 한나비
디자인 유영준, 이민정
마케팅 홍보 이병구
경영지원 오은애

펴낸곳 (주)도서출판 아름다운사람들
주소 (10881) 경기도 파주시 회동길 103
대표전화 031-955-1001　**팩스** 031-955-1083
이메일 books777@naver.com
홈페이지 www.books114.net
문학테라피는 (주)도서출판 아름다운사람들의 임프린트입니다.

ⓒ2018, 안용태
ISBN 978-89-6513-488-6　03100

유쾌한
고독

혼자를 시작하는 개인주의 인문학

안용태 지음

문학테라피

프롤로그

어쩌다보니 인문학 책을 내게 되었고 어쩌다 보니 인문학 강사가 되었다. 처음부터 내가 의도한 삶은 아니었다. 그저 내 삶의 여백을 즐겁게 채워주던 인문학이 좋았고, 그것을 타인과 나누는 것이 좋았다. 그런데 어느 순간 인문학이 내 삶의 주된 업이 되었다.

처음부터 꿈꿔왔던 일이 아니라 살다보니 내 것이 된 일이었기에 인문학과 내가 정면으로 마주하는 시간이 필요했다.

내게 인문학은 무엇이고 내 삶의 어느 부분이 인문학과 가장 깊숙이 조우하게 되었는지, 인문학의 어떤 부분이 내 삶을 여기로 흐르게 했고 내게 어떤 의미를 남겼는지, 명쾌해지고 싶었다. 그것을 통해 내가 인문학을 계속할 것인지, 계속한다면 어떤 인문학을 할 것인지 찾고 싶었다.

이 책에서 다룬 고독, 선택, 관계, 가족, 의미는 내 삶에서 가장 풀리지 않던 테마이다. 어쩌면 내게 가장 고통을 안겨준 테마이기도 하다.

나는 권위적인 부모 아래서 성장했고, 소심하고 내향적이다. 젊은 시절 사회가 부여한 그럴싸한 꿈을 내면화해 오랜 시간 시험을 준비했고 실패했다. 넘어지고 나자 내 삶을 지탱해줄 무언가가 필요했다. 그럼에도 불구하고 내 삶을 가치 있고, 의미 있게 꾸려갈 무언가가 필요했다. 꿈꾸던 모습은 아니더라도 내 삶, 내 일상을 생동감 있게 가져갈 내면의 힘이 필요했다.

나는 인문학을 붙잡았다.

나를 힘겹게 한 다섯 테마를 통해 내 삶 구석구석을 인문학과 만나게 하고 싶었다. 그리고 내 삶을 다시 재구성하고 싶었다.

오랜 시간이 걸렸다.

흡족한 인문학책의 탄생을 위해 필요한 절대 시간 때문이 아니라, 내 안의 그림자, 이중성, 찌질함, 비겁함, 거짓과 허세 같은 꺼내 보고 싶지 않던 나의 일부와 마주하는 것, 그리고 그것들이 모두 내 모습임을 변명 없이 인정하는 것이 힘들었다.

그 추한 모습이 내 전부는 아니길 바랐다. 내가 원하는 내 모습, 내가 좋아하는 내 모습을 사유 속에서 끌어올리기 또한 쉽지 않았다.

이 과정을 통해 인문학에 대한 어떤 번듯한 정의에 도달하지는 못했지만 내게 인문학이 무엇인지는 보다 분명히 알 수 있었다. 나에게 인문학은 지적 토대로써 그치는 것이 아니라 삶을 맥락 위에 올려놓고 그 자체를 변용시키는 공부다.

어떻게 살 것인가, 누구와 함께 할 것인가, 무엇이 내 인생에 의미를 남기는가, 내 가치는 어디에 있고, 그 가치를 믿고 나갈 힘이 내게 있는가, 뻔히 알면서도 휘둘리는 내 두려움의 근원은 어디인가?

인문학의 거대한 주제들에 가닿기에는 아직 내 삶의 깊이와 지적 사유가 한참 모자란다는 사실 또한 길 위에서 깨달았다. 다만 어디에 위치해 있든, 어떤 모습이든, 무엇을 원하든, 자신을 알든 모르든, 각각의 일상을 조금은 다르게 재구성하는데 인문학이 작은 조력자가 될 수 있겠다는 생각이 들었다.

내 삶이 없으면 인문학도 없는 것처럼, 내 일상을 풍성하게 음미하지 못한다면 인문학은 남의 것이 된다는 것도 깨달았다.

버티는 날에서 음미하는 날로의 변환, 어쩌면 그것이 지금 내게 가장 필요한 인문학이고 내가 하고 싶은 인문학이지 않을까.

앞으로 계속해서 인문학을 업으로 삼든 그렇지 않든 나는 여전히 인문학을 할 것이고 그래서 내 삶을 다르게 가꾸길 원한다.

내게 의미 있는 진리는 큰 것으로 시작해 결국 작은 것으로 흐른다.

작은 것이 결국 내 것이 된다. 내 것이라야 일상이 된다.

날 괴롭히던 모든 딜레마와 명쾌하지 못한 삶의 명제들이 이 책을 통해 명쾌하게 해결되리라는 기대는 망상에 가까운 것이었다. 그저 내 사유의 높이에서, 내가 살아낸 날들의 높이만큼 닿을 수 있었다. 어떤 것은 평범하고 어떤 것은 뻔하고, 어떤 것은 모호하고, 어떤 것은 과격해지고, 어떤 것은 여전히 숙제로 남았다. 그 당연하고 뻔한 것들을 내 삶으로 녹아내리니 새롭게 의미를 담기도 했고, 때로는 거칠고 모호해졌으며, 한계를 남겼다. 그게 내 인문학이니, 부끄러워하지 않기로 했다.

다만 이 책이 내가 어떤 길을 가더라도 내가 불안감과 자학에 빠질 때, 스스로를 믿지 못할 때, 더 거짓된 삶으로 나를 내팽개치고 싶을 때 내게 소심한 질문 하나 던질 수 있는 작은 안전장치 정도는 될 수 있지는 않을까 싶다. 그것으로 충분하다.

안용태

차 례

프롤로그   5

──────────   **1. 유쾌한 고독** ───────────────   12

고독을 피하면 불행을 만난다

악몽을 꿔서 불안한 게 아니라 불안하니까 악몽을 꾼다

유쾌한 고독

고독을 견뎌야 얻어지는 단독성

──────────   **2. 잠재된 삶의 발견, 선택** ────────   42

가장 큰 선택의 딜레마

가능성의 허상

강요된 선택

소진된 인간

선택의 본질

3. 관계, 기쁨의 관계는 변용된다 ———— 80

반드시 너일 것, 반드시 나일 것

낯섦이 전해주는 의미

기쁨이 되는 관계

변용된 인간

4. 가족, 내 가면의 평계 ———————— 116

우아한 거짓말

답정녀

감정 쓰레기통

자신의 그림자를 직면할 용기

5. 의미, 당신의 이야기는 그렇게 시작된다 — 154

인간 정신의 세 가지 변화

위버멘쉬, 진화하는 인간

의미를 찾고자 하는 의지

에필로그   182

1
유쾌한 고독

자신의 삶이 불만족스러운 여자가 있다. 그녀
의 이름은 신시아이다. 신시아는 세 번째 결혼을 앞두고 있다.
첫 번째 결혼은 열일곱 살이 되던 해 피터슨과 했다. 고등학교
졸업 후 구한 직장은 조금도 마음에 들지 않았다. 모든 상황이
불만족스럽던 그때 피터슨이 청혼하자 신시아는 기쁜 마음으
로 받아들였다. 결혼 준비는 아주 급하게 이루어졌다. 결혼하
면 가족과 떨어져 외진 군부대 마을에서 살아야 했지만 그래
도 신시아는 기뻤다. 그녀는 군부대 마을이 마음에 들었고 다

른 부인들과 친하게 지내며 같이 다이어트를 해 9킬로그램이나 감량했다. 하지만 남편은 신시아가 동료들을 유혹하기 위해 살을 뺀다며 그녀를 괴롭히면서도 정작 그녀에게 관심은 기울이지 않았고 두 사람의 결혼 생활은 막을 내렸다. 그녀는 스물여덟 살이 되던 해 링컨과 두 번째 결혼을 했다. 그는 오하이오 콜럼버스에서 살았다. 링컨은 자신의 부인을 아무것도 이해하지 못하는 바보 같은 여자라고 생각했다. 심지어 결혼 첫날밤에는 자신의 목걸이를 꺼내 눈앞에서 흔들며 "이건 당신의 텅 빈 머릿속이야."라며 비아냥거리기까지 했다. 한편 신시아의 부모님은 링컨이 흑인이라며 탐탁지 않게 여겼다. 신시아는 결국 스물아홉 살 반에 두 번째 이혼을 했다.

이제 서른두 살이 된 신시아는 찰리와 결혼하려고 한다. 찰리는 재단사다. 진짜 재단사는 아니지만, 형이 운영하는 양복점에서 옷 수선을 하고 돈을 벌었다. 그는 빨리 결혼해서 새로운 삶을 시작하자고 말한다. 하지만 그녀는 살을 빼고 나서 결혼하겠다며 시간을 끌고 있다. 살을 빼는 데 성공하면 멋진 웨딩드레스를 살 계획이다. 결혼식 당일 곱슬곱슬한 머리를 어깨까지 늘어뜨리면 정말 예쁠 것만 같다. 하지만 살은 빠지지 않았고 신시아는 똑같은 악몽을 반복해서 꿨다. 꿈속에서 신시아는 아름다운 드레스를 입고 찰리와 함께 제단 앞에 서 있다. 저울로 된 제단에 말이다. 그런데 드레스가 짧아서 발아래 저울의 눈금이 하객들에게 다 보였다. 그녀는 고민에 빠진다. 저울의 눈금은 얼마였을까?[1]

고독을 피하면 불행을 만난다

드라마 같은 멋진 인생을 원하지만 현실은 그냥 별 볼 일 없는 사람에 불과할 때, 볼품없는 자신을 바라보는 것만큼 외로운 일이 또 있을까? 누구나 한번쯤은 깊은 우울감에 빠져들곤 한다. 간절히 원하는 일에 실패하거나 남들처럼 살지 못한다는 생각에 빠질 때 우리는 존재 전체가 무너지는 느낌을 받고 삶이 무의미하다는 생각에 사로잡힌다. 내가 누구인지, 뭐 하는 사람인지 도대체 알 수 없다. 이제껏 소중하

---

1 앤 비티, 《온전한 나로 살지 않은 상처》 중 〈늑대 꿈〉, 김희숙 옮김, 문학테라피

다고 생각된 모든 것이 무가치하게 느껴지고, 그것을 위해 애써온 나 자신이 허망하다. 이러한 허무함은 어느 날 갑자기 슬그머니 찾아와 내 삶 전체를 낯설게 만든다. 거대한 세상을 실감할 때면 그 앞의 나 자신이 하찮게 느껴진다. 내가 갑자기 사라져도 세상은 여전히 잘 돌아갈 것이며 곧 잊혀질 것이다. 가장 소중해야 할 내가 어쩌면 아무것도 아닐지도 모른다는 깨달음은 인간을 지독하게 쓸쓸하게 만든다.

결혼을 차일피일 미루던 어느 날 저녁, 신시아는 스스로에게 물어보았다. 왜 다시 결혼하고 싶은지. 일단 타자수라는 자신의 직업이 보잘것없다고 느꼈다. 게다가 나이도 서른두 살이다. 빨리 결혼하지 않으면 너무 늦을지도 몰랐다. 마음은 급한데 변하는 건 아무것도 없었다. 신시아는 결혼만 하면 모든 문제가 다 해결될 것 같았다. 찰리와 결혼하면 꽃이 만발한 단독주택에서 살 테고, 아이가 생긴다면 지긋지긋한 직장도 그만둘 수 있다. 하지만 그녀의 아버지는 이런 식의 결혼은 더 큰 불행만 가져올 뿐이라고 경고했다. 실제로 그녀는 외로움에서 벗어나기 위해 두 번이나 결혼했지만, 누구를 만나도 형태만 다를 뿐 불행은 반복됐다.

하이데거는 이러한 삶을 '비본래적 삶'이라고 말했다. 비본래적 삶이란 자기 삶의 주인이 되지 못한 채, 다른 사람들이 원하는 대로 살아가는 것을 말한다. 남들이 좋다는 것을 똑같이 좋아하고, 남들이 결혼하니까 나도 하는 식이다. 신시아에게 타인의 삶은 참고서 같은 것일지도 모른다. 가장 멋져 보이는 이상적인 답안을 꿈꾸고 그대로 실현하고자 한다. 하지만 그녀는 답안지를 베끼는 것조차도 제대로 해내지 못한다. 자기 삶의 주인도 못 되고 남들처럼 살지도 못한다. 그러니 자신의 삶이 볼품없고 실망스럽게 느껴질 수밖에 없다. 이렇듯 본래의 자신을 가린 채, 남들을 흉내 내며 살아가는 것이 바로 비본래적 삶, 혹은 가짜 인생이다.

지나간 내 삶 역시 가짜처럼 느껴지던 순간이 많았다. 죽을 듯 애를 쓰며 어떻게든 경쟁에서 살아남으려 했지만 무엇을 위한 것인지는 잘 몰랐다. 다들 그렇게 했고 나는 살아갈 다른 방법을 몰랐으므로 따라했다. 매일 아침 일찍 일어나 기계적으로 씻고 밥을 먹은 이후 등교하거나 출근했다. 거기서 만난 사람들과 인사를 나누고 습관적으로 하루를 보냈다. 집으로 돌아오면 컴퓨터 앞에 앉아 이런저런 인터넷 기사를 보다가 어제

놓친 드라마나 예능 프로그램을 챙겨 보았다. 밤이 깊어 잠자리에 눕지만 무언가 아쉬운 마음에 핸드폰을 만지작거렸다. 이러한 일상에 큰 의미는 없다. 마치 기계처럼 습관적으로 살아가고 있을 뿐이다. 이렇게 살아갈 때 내 마음속에는 '스산한 느낌 Unheimlichkeit'만이 가득했다. 숨 쉬고는 있지만 내가 아닌 것 같은 그런 느낌이었다. 이를 하이데거는 '불안'이라고 부른다.

신시아의 결혼은 불안에서 벗어나기 위한 타협의 산물이다. 악몽 속에 나오는 저울은 크게 두 가지 의미를 가진다. 첫 번째는 찰리의 능력에 대한 의심이다. 그가 얼마만큼 안정된 삶을 선물할 수 있을지 확신할 수 없기에 의심이 생긴다. 두 번째는 타인의 시선을 의미한다. 결혼식 제단 앞에 선 그녀는 뒤쪽에서 자신을 바라보고 있을 다른 사람들의 생각이 몹시 신경 쓰인다. 나에 대해 어떤 이야기를 하고 있을까? 뭐라고 평가하고 있을까? 그들의 평가는 저울의 눈금으로 나타난다. 하지만 저울의 눈금은 결코 보이지 않는다. 저울 악몽은 타인의 시선에 대한 신시아의 집착인지도 모른다.

신시아는 남 보기에 창피한 건 싫다. 안전한 삶에 대한 막연한 환상도 있다. 그러나 신시아는 정말 어떻게 살고 싶은지, 어떻게 삶에 다가갈지 고민해본 적은 없다. 지금 자신의 삶에 대한 고민과 의심이 고개를 들려 하면 그녀는 갑자기 두통을 느끼며 그 생각을 차단한다. 그녀는 문제를 마주하거나 무언가를 이뤄낼 능력 같은 건 자신에게 없다고 믿고 있는지도 모른다. 그래서 막막하고 현실이 지겨울 때면 그녀는 결혼을 했다. 그녀를 무시하고 학대하는 사람일지라도 삶의 키를 그들에게 맡겨버렸다.

종종 사람들은 자기의 현실을 직면하기보다는 남에게 기대서라도 도망치길 원한다. 지금 당장 닥친 상황에서 벗어날 수만 있다면 그것을 선택한다. 그녀는 미래를 두려워하지만, 그 실체를 대면하느니 생각하지 않기를 택한다. 자신에게 무언가를 물었을 때 나올 결과를 겁내는지도 모른다. 그녀에게 인생은 내가 한 선택들과 그 결과가 아니라 우연히 따라온 길에 가깝다. 덴마크 철학자 키르케고르는 인간은 무엇이든 자유롭게 선택할 수 있지만 그 결과에 따른 불안 또한 감당해야 한다고 말했다.[2]

---

2 키르케고르에 의하면 불안은 자유의 가능성에서 비롯된 것이다. 아담은 스스로 자유로운 존재가 될 수 있음을 최초로 깨달은 존재이다. 그가 살던 에덴동산은 무엇 하나 부족함 없는 곳이었다. 하지

하지만 그 불안의 무게를 견디지 못해 적당히 묻어가며 산다면 우리는 생의 가장 결정적인 순간에서도 나의 선택을 내릴 수 없다.

신시아는 드디어 찰리와 결혼을 결심한다. 결단을 내려서가 아니라, 더는 마땅히 미룰 이유가 없었기 때문이다. 두 사람은 신시아의 부모님을 만나기 위해 조지아행 기차를 탄다. 기차 안에서 찰리는 술을 마시러 식당칸에 가고, 그 사이 신시아는 옆자리의 히피 남자와 대화를 나눈다. 그녀의 꿈에 대한 이야 기를 나누던 끝에 신시아는 이번에는 엉뚱하게도 이 남자에게 공을 넘긴다. 그에게 찰리와 결혼해야 할지 하지 말아야 할지 물어본 것이다. 고개를 절레절레 흔들던 남자는 재미있는 이야 기를 남긴다. "콜리지! 콜리지, 영국 시인 아시죠? 시인은 이렇

만 그곳에도 한 가지 금기가 존재했다. 선악의 나무에서 열리는 열 매만큼은 절대로 따먹어서는 안 된다. 아담은 자신에게 내려진 금기 의 의미가 무엇인지 몰랐다. 도대체 왜 열매를 먹지 말라고 하는 것 인지, 열매를 먹으면 어떻게 되는지 아무것도 알 수 없다. 하지만 한 가지 확실한 것은 신이 하지 말라고 하는 순간, 자신은 그것을 할 수 있다는 사실을 깨닫게 된다. 즉 금기가 존재하기에 자유의 가능 성을 알게 된 것이다. 할 수 있다는 가능성은 굉장히 매혹적으로 다 가온다. 아담은 금기를 두려워하면서 이를 어길 수 있는 가능성에 이끌린다.

게 말했어요. 우리는 늑대 꿈을 꿔서 겁먹는 것이 아니다. 먼저 겁을 먹었기 때문에 늑대 꿈을 꾸는 것이다." 신시아는 막 이해가 되려다가 그만 의식을 잃는다. 전날 밤 수면제를 먹은 데다 술을 너무 많이 마신 탓이었다. 자리로 돌아온 찰리는 낯선 남자의 어깨에 기대 잠든 신시아를 바라본다. 당황스러운 광경 앞에서 그는 도리어 마음이 차분해진다. 찰리는 통로에 앉아 골똘히 생각에 잠긴다. 이윽고 기차는 조지아에 도착하지만, 찰리는 내리지 않는다.

"우리는 악몽을 꿔서 불안한 게 아니라 불안하니까 악몽을 꾼다."

〈늑대 꿈〉은 불안을 못 이겨 자신의 삶을 다른 사람의 손에 자꾸만 넘겨주려는 신시아의 심리 상태를 정확하게 포착한다. 그녀는 스스로의 삶에 대해 한 번도 진지하게 되돌아보지 않고 세상살이에 잔뜩 겁먹은 채, 누군가 자신의 하찮음을 눈치라도 챌까 전전긍긍한다. 자신의 인생을 구성하는 중요한 요소들이 무엇인지 스스로도 모른 채 세상이 설정해놓은 그럴싸한 이미지를 삶의 목표로 삼고 그 목표마저 타인이 이루어주길 바라며,

그 타인이 그걸 해줄 수 있는 사람인지 없는 사람인지가 가장 진지한 고민인 신시아. 지금 그녀에게 정말 필요한 건 무엇일까?

악몽을 꿔서 불안한 게 아니라 불안하니까 악몽을 꾼다

불안은 인간에게 본질과도 같은 감정 중 하나이다. 왜 항상 불안에 빠지게 되는지 그 이유를 알 수는 없다. 내가 원해서 그렇게 된 것은 아니다. 하이데거는 이를 두고 '피투성被投性, Geworfenheit'이라 불렀다. 피투성이란 우리가 원하지 않았음에도 그냥 세계 속으로 던져졌다는 의미를 가진다. 여기서 세계는 나에게 주어진 상황을 말한다. 예를 들어 아무리 노력해도 취직이 안 돼서 불안한 사람이 있다고 해보자. 그는 자신의 삶을 원망한다. 왜 하필 이런 시대에, 이런 환경에서 태어났을까? 하지만 이건 내가 선택할 수 있는 것이 아니다. 그냥 이런 세상에 던져졌을 뿐이다.

인간은 어떤 답도 없이 그냥 던져진 존재이기에 주어진 삶을 억지로 살아야 하는 듯한 막막함에 처한다. 그래서 인간은 어떤 행위나 가치를 통해 자신의 존재를 확인하고자 한다. 인간의 존재에 대해 질문할 수 있는 것도, 풀어나갈 수 있는 것도 그 자신뿐이다. 그러나 구한다고 답을 알 수 있는 것은 아니다. 이때 불안이라는 감정은 한 가지 실마리를 던져준다.

불안은 자유의 가능성이다. 이러한 불안만이, 신앙의 도움을 입음으로써, 절대적으로 교육적이다. 왜냐하면 그것은 모든 유한한 목적을 소멸시키며 또 유한한 목적들의 모든 속임수를 폭로하기 때문이다. 불안에 의해 교육을 받는 사람은 누구나 다 가능성에 의해 교육을 받는 것이며, 오로지 가능성에 의해 교육을 받는 사람만이 자신의 무한성에 따라서 교육을 받는 것이다. 그렇기 때문에 가능성은 모든 범주 중에서 가장 무거운 것이다.[3]

키르케고르에 따르면 불안은 새로운 시작의 씨앗이자 인간에게 주어진 위대한 선물이다. 아무것도 아닌 존재로 전락할 것만 같은 불안감은 궁극적으로 자기 존재에 대한 의문으

---

[3] 키르케고르, 《불안의 개념》, 임규정 옮김, 한길사, p397

로 나아가기 때문이다. 예컨대 단 한 번도 불안을 느끼지 못한 사람이 있을까? 그런 사람이 있다면 아마도 그는 자신에 대해서 전혀 생각하지 않을 것이다. 아니 애초에 자기 고민이라는 말 자체가 성립하지 않는다. 불안은 자기 존재에 대한 떨림이기 때문이다. 그 떨림은 중요한 질문을 던진다. 내 인생이 진짜인지 가짜인지, 언제까지 가짜 인생을 살아야 하는지, 언제까지 세상의 가치에 따라야 하는지, 진정한 자기 자신이란 과연 무엇인지 고민하는 것이다. 이것이 가능한 이유는 피투성에 대한 자각 때문이다. 인간은 불안을 느낄 때마다 동시에 이 현실에서 절대로 도망치지 못함을 깨닫는다. 탄생도 죽음도 내 마음대로 되는 것이 아무것도 없다. 하지만 이 사실을 자각하는 순간, 다시금 자신의 삶을 재구성하려는 시도가 일어난다. 이를 두고 '기투企投, Entwurf'라고 부른다. 나 자신이 아무런 목적도 없이 그냥 던져진 존재라면, 나 스스로 목적을 가지고 다시금 나를 내던질 수도 있을 것이다. 이것이 바로 나를 새롭게 내던질 수 있는 기투성企投性의 자유이다.

그렇다면 신시아도 자신을 내던지는 자유를 만날 수 있을까? 자신만의 삶을 새롭게 시작할 수 있을까? 집으로 돌아온 그녀는 침대에 누웠지만 쉽게 잠이 오지 않는다. 한참을 뒤척이다 자리에서 일어나 주방으로 가 식탁에 앉는다. 그녀는 두 손에 얼굴을 묻고 골똘히 생각한다. 그는 왜 그냥 떠나버렸을까? 식탁에 앉아 아무리 고민해보아도 이해할 수 없다. 쌀쌀한 주방에 앉으니 배가 고픈 정도가 아니라 아예 속이 텅 빈 느낌이 든다. 이윽고 두 눈이 감긴다. 어떤 그림이 그녀에게 다가온다. 눈 덮인 높은 산이다. 산꼭대기에는 그녀가 보이지 않는다. 아니 그림 속에 아예 없었다. 거대한 산 어디에도 그녀의 자리는 찾을 수 없다. 신시아가 식탁에서 느낀 감정은 무엇일까?

신시아의 마음을 정확히 알 수는 없다. 앤 비티는 심리적 동기나 심층에 대하여 서술하지 않고 단지 표층에만 머무는 스타일을 추구한다.[4] 이 작품 역시 주인공의 내면을 집요하게 파고 들어가지 않고 독자의 해석에 남겨둔다. 하지만 마지막 꿈은 신시아에 대해 많은 걸 이야기해준다.

신시아는 몇 번이고 다른 사람을 통해 새로운 삶을 꿈꾸었

---

4 조중걸, 《키치, 우리들의 행복한 세계》, 웅진출판사, p195

지만, 마음처럼 되지 않았다. 나에 대한 불안은 타인을 통해 해소될 수 없기 때문이다. 가족도, 친구도, 그 누구도 나를 책임질 수 없다는 진실과 마주해야 한다. 이제 그녀에게도 기회가 왔다. 그녀는 텅 빈 주방에 앉아 지독한 고독과 함께 자신을 마주해야 한다. 신시아가 어떤 삶을 선택할지, 그 상상은 독자의 몫이다. 하지만 또다시 신시아가 지금의 상황을 회피하고 타협하려 든다면, 잠시 불안을 잊을 수는 있어도 그것에서 벗어나지는 못할 것을 직감할 수 있다. 어쩌면 그녀는 평생 불안의 이유도 모른 채 그것을 해소하려 애쓰며 살아갈지도 모른다.

유쾌한 고독

언젠가부터 혼자 있고 싶어 하는 사람들이 늘어간다. 너무 많은 인간관계에 지쳐 혼자만의 공간을 원하기 때문이다. 하지만 그들은 마침내 혼자가 되면 다시금 외로움을 느껴 되돌아온다. 혼자 있고 싶지만, 그것에 익숙하지 않은 것이다. 하지만 아멜리에게 혼자 있는 것은 힘든 일이 아니라 익숙한 일이었다. 아멜리에의 어린 시절은 정서적으로 불우했다. 오죽하면 유일한 친구인 금붕어가 가정환경을 비관하여 자살을 시도했을까? 학교 선생님인 엄마와 군의관인 아버지를 둔 언뜻 보면 무난해 보이는 가정이었지만 사랑이 넘치지는 않았다. 그녀의 어머니는 히스테릭했으며 아버지는 목석 같았다. 아멜리에는 아빠에게 안기는 걸 좋아했다. 하지만 그가 딸을 안아주는 날은 매달 딱 한 번, 정기 검진 때뿐이었다. 한번은 청진기를 든 아빠의 손길에 너무나 수줍어 가슴이 콩콩 뛰었다. 하지만 딸의 두근거림을 이해하지 못한 아버지는 심장병으로 오진해버린다. 그는 아픈 딸을 위해 학교에 보내지 않고 홈스쿨링을 한다. 친구 하나 없는 아멜리에는 상상의 세계로 빠져든다.

영화 《아멜리에》의 도입부는 의미심장한 장면으로 가득하다. 형제도, 친구도 없이 쭉 홀로 지내온 아멜리에는 혼자 놀기의 진수를 보여준다. 턱밑에 그림을 그리고 체리로 귀고리를 만든다. 손에 사람을 그려 함께 대화하고 유리잔에 물을 받아 소리를 낸다. 그녀의 또 다른 취미는 상상하기이다. 하늘에서 토끼와 곰 친구를 만나 사진을 찍으며 하루를 보내기도 한다. 혼자 보내는 시간이 대부분이지만 우울한 건 아니다. 언제나 밝고 유쾌하게 혼자 논다. 성인이 된 이후 남자 친구를 만나보기도 했지만 결과는 늘 실망스러웠다. 대신 그녀는 다른 곳에서 즐거움을 찾는다. 영화관에 가서 다른 관객들의 얼굴을 훔쳐보거나 남몰래 렌틸 콩 자루에 손을 넣어 그 감촉을 즐긴다. 달콤한 크렘브륄레의 바삭한 캐러멜을 숟가락으로 깨트리기도 하고 성마틴 운하에서 기가 막히게 물수제비를 뜬다. 그 모든 일을 하는 그녀의 얼굴은 잔뜩 신이 나 있다. 아멜리에는 그대로 행복하다.

영국 최고의 정신분석의 중 한 사람인 앤서니 스토에 따르면 사람은 전혀 다른 두 가지 충동을 느낀다. 하나는 누군가와 만나고 사랑하며 함께 하고 싶다는 충동이고, 다른 하나는 홀로 독자적인 삶을 살아가고 싶은 충동이다.[5] 그간의 세상이 첫 번째에 더 큰 가치를 부여했다면 이제는 많은 사람이 두 번째 충동에 이끌린다. 이것은 사회가 망가진 것도 아니고 공동체가 무너지는 전조 현상도 아니다. 통합된 인간성을 되찾아가는 과정일 뿐이다. 이제 사람들은 인맥 부자가 되길 원하지 않는다. 도리어 요즘은 인맥 다이어트를 통해 혼자만의 시간을 가지길 원한다.

---

[5] 앤서니 스토, 《고독의 위로》, 이순영 옮김, 책읽는 수요일, p19

그렇다고 현대인이 인간관계에 대한 집착에서 자유로워졌느냐면 오히려 그 반대의 모습을 보여주기도 한다. 언젠가 TV에서 인간관계를 큰 자산으로 여기는 사람을 본 적이 있다. 1,000개에 달하는 전화번호들을 자랑스럽게 보이며 그것이 자신의 전부라고 말했다. 무엇을 자랑스러워하는 것인지 이해하기 어려웠다. 저 많은 사람과 전부 관계를 맺기 위해선 얼마나 많은 시간이 필요할까? 한 인간이 살아가는 데 정말 저토록 많은 사람이 필요할까? 하지만 주변을 둘러보면 누군가와 함께하지 않으면 못 견디는 사람들이 널려 있다. 현대 기술은 혼자인 것을 못 견디는 사람들의 심리를 파고든다. 워크맨에서 시작해 페이스북과 인스타그램에 이르기까지, 오늘날 스마트 기술의 발전에는 접속 강박증이 담겨 있다. 수십 년 전 워크맨이 처음 나왔을 때, 회사는 엄청난 약속을 던졌다. "당신은 결코 다시는 혼자 있지 않아도 될 것입니다."[6] 워크맨은 스마트폰으로 바뀌었고 이제 사람들은 쉬지 않고 무엇인가를 감상하고, 놀고, 읽고, 쓰고, 소통한다. 왜 사람들은 항상 무언가로 일상의 작은

---

6 지그문트 바우만, 《고독을 잃어버린 시간》, 조은평·강지은 옮김, 동녘, p26

공백까지 채우려는 것일까? 함께하고 있다는 생각이 불안을 덜어주기 때문이다. 그러나 이 잘고 얕으며 한시적인 관계들이 진정한 만남이라고 할 수 있을까? 어쩌면 이것 또한 자기 소외의 한 형태일지도 모른다.

모든 관계의 본질은 자기 자신과의 관계 맺기에서 찾아야 한다. 자신을 존중하고 사랑할 수 있는 사람만이 타인도 존중할 수 있기 때문이다. 따라서 모든 관계에는 자존감의 문제가 선행될 수밖에 없다. 자신을 쓸모없는 인간이라고 생각하는 사람은 자존감이 낮아 자기혐오에 빠지기 쉽다. 인간의 최대 불행은 바로 자신을 싫어하는 것에서 시작한다. 자기 혐오감을 메우기 위해 타인의 관심과 사랑을 갈망한다. 하지만 스스로를 사랑할 수 없기에 타인과의 관계도 뒤틀린다. 타인에게 의존하거나 자신을 속이는 삶은 자기와의 관계를 왜곡시키는 가장 대표적인 방식이다.

자신과 좋은 관계를 맺기 위해선 나 자신을 돌아보고 보듬을 수 있는 절대 시간이 필요하다. 혼자만의 시간, 잠시 멈추는 시간, 자신에게 질문을 던지는 시간, 나를 기다려주는 시간까지. 이것은 자신과 관계를 맺는 고독의 시간이다. 쓸쓸한 시간이 아니라 나를 만날 수 있는 유쾌한 시간이다. 오늘날 현대인은 고독을 원한다. 억지로 누군가와 함께하여 불행해지기보다는 먼저 자신을 만날 수 있는 시간을 갈망하는 것이다. 영화 《아멜리에》는 나를 만나는 고독의 정수를 보여준다. 이 영화는 정서적으로 방치당했던 아멜리에의 어린 시절도 고통스럽게 그리지 않는다. 혼자 있는 시간이 곧 우울함과 외로움이라는 공식을 인정하지 않는다. 그녀는 혼자이되 외롭지 않았다. 도리어 유쾌한 고독을 즐겼다. 그녀만이 가진 발랄한 상상력은 영화 속의 사랑스러운 세계를 만들었고 온갖 창조적 놀이의 원천이 된다.

고독을 견뎌야 얻어지는 단독성

어느 날 다이애나 왕비가 죽었다는 소식이 들려왔다. 깜짝 놀란 아멜리에는 로션 뚜껑을 떨어뜨렸다. 데굴데굴 굴러간 뚜껑은 숨겨진 벽면의 헐거운 타일을 움직였다. 아멜리에는 타일 뒤편의 작은 구멍에서 과거의 유물을 발견한다. 40년 전 그 집에서 살던 한 소년이 숨겨놓은 작은 보물상자였다. 이집트 왕의 고분을 발견한 사람이라 해도 그 순간의 그녀만큼 흥분됐을까? 아멜리에는 작은 결심을 한다. 반드시 그 상자의 주인을 찾아내어 돌려주리라. 그리고 만약 그가 감동한다면 앞으로 좋은 일만 하며 살리라. 하지만 그 과거의 소년을 찾기란 쉽지 않았다.

우여곡절 끝에 만난 소년은 이미 머리가 센 중년의 남자였다. 그의 삶은 적적하기 이를 때 없었다. 하나 있는 딸과 더 이상 기억조차 안 나는 이유로 연락을 끊은 지 오래였다. 아멜리에는 그에게 상자를 되찾아주었다. 아멜리에의 정교한 작전 끝에 우연처럼 공중전화 박스에서 상자를 발견한 그는 잃어버린 시간을 만났다. 어린 날의 작은 추억들은 그에게서 지나간 세월에 대한 그리움과 깊은 회한을 불러왔다. 상자를 보며 눈물 짓던 남자는 지금의 행복을 위해 용기를 내야 함을 깨닫고 가족에게 전화를 건다. 몰래 이 모습을 지켜본 아멜리에는 삶이란 의외로 단순하고 명료하다는 사실을 깨닫는다. 수화기를 든 노인의 모습을 바라보니 따뜻한 햇볕, 미풍의 향기까지 모든 게 완벽하게 느껴졌다.

하루의 대부분을 홀로 보내는 아멜리에와 중년 남자의 삶은 그 사실로만 보면 다를 게 없다. 그러나 아멜리에의 혼자는 고독했고 노인의 혼자는 외로웠다. 두 가지는 본질적으로 다르다. 우리는 흔히 고독과 외로움을 혼용하여 사용한다. 하지만 두 가지는 완전히 다른 의미를 가진다. 외로움은 타인을 매개하여 생기는 감정이지만 고독은 나 자신과의 관계에서 온다.

외로움은 아무것도 아닌 존재가 된 것 같은 정서적 목마름이자 다른 사람들과 발맞춰 가지 못할 때 느끼는 상실감이다. 타인의 시선으로 본 나 자신이 별 볼 일 없이 느껴질 때 닥치는 감정이 외로움이다. 따라서 많은 사람에게 둘러싸여 있어도 얼마든지 느낄 수 있다. 오죽하면 사랑하는 순간에도 외롭다는 말이 나올까? 나는 가까운 친구들 사이에서 종종 외로움을 느꼈다. 친구들은 저 멀리 앞서 나가 있는데 나 혼자 뒤떨어진 것 같은 느낌. 저들과 비교했을 때 나만 초라해지는 것 같은 느낌. 한때 같이 있는 것만으로 즐거웠지만, 나는 어느 순간 그들을 만나기가 버거웠다. 무시당하지 않아도 나는 스스로 그들 앞에서 너무 작아졌고 나 자신을 경멸했다. 타인과 발맞춰 가지 못하니, 소통도 원활하지 않았다.

외로움이 너무 깊어지면 인간은 고립을 선택하기도 한다. 고립은 자기 불안이 극도로 심해질 때, 외부세계를 완전히 차단하는 것을 의미한다. 모든 인간관계를 포기한 채, 자신만의 견고한 세계로 빠져든다. 홀로 있다는 점에선 외로움과 다를 것이 없다. 다만 충족되지 않는 인간관계에 헛헛해 하는 것이 아니라 더는 상처받지 않기 위해 관계 자체를 없애버린다는 점에서 외로움과는 완전히 다르다. 외로움이 관계 속에서 느껴지는 감정이라면 고립은 관계를 파괴해서 얻는 감정이다. 아예 고립된다면 잠시 동안 안정을 얻을 수 있을지도 모른다. 하지만 고립이 지속되면 인간은 결국 자기 자신을 파괴하게 된다. 모든 사람이 적으로 느껴지는 세상에서 인간이 할 수 있는 것은 거의 없다.

그럼 고독은 무엇일까? 고독은 혼자일 때 찾아드는 감정이 아니라 혼자이고자 하는 자발적 태도이자 의지이다. 세상과 약간의 거리를 두고 혼자됨을 선택해 자신의 지친 마음과 영혼을 돌보는 시간에 대한 구체적 욕망이다.

그릇된 선택이나 떠밀리듯 결정한 것들로 괴로운 시기를 지나가고 있을 때, 혹은 어렴풋이 진정 원하는 것을 깨달았지만 선뜻 발을 내딛지 못할 때, 어떤 중요한 결정을 내려야 할 때, 얽히고 설킨 관계망 속에서도 자신이 있어야 할 자리는 어디인지 모를 때, 성과를 내기 위해 무작정 달려와 피로가 산처럼 쌓일 때, 인간은 잠시 멈추어 자신을 만나고자 한다. 타인의 시선을 걷어내고, 누구의 방해도 없이 오직 나만을 바라보는 실존의 시간이다. 살고자 밀쳐두었던 내 내면의 욕망을 살피고, 온갖 잡동사니로 채워진 복잡한 생각의 실타래를 하나하나 걷어낸다. 나를 짓누르는 외부의 소음을 차단한 채 이제껏 걸어온 길들 위의 실수와 잘못된 선택, 비겁함과 거짓들을 성찰한다. 이 시간을 통해 자신의 삶에서 중요한 한걸음을 다시 내딛을 수 있도록 내면을 단단하게 다잡는다.

그런 자발적 고독의 시간을 통해 불투명하던 삶의 안개가 걷힌다. 자신에게 중요한 것이 무엇인지, 내게 도움이 되는 사람은 누구이고 내가 원하는 사람이 되는 것을 방해하는 사람은 또 누구인지 발견하게 된다. 자신의 선택에 대한 보다 명료한 관점을 갖게 되어 나를 방해하는 타인에게 단호한 태도를 취할 수 있다.

이런 자발적 고독은 우리를 우리 자신으로 되돌려준다. 그때 우리는 시시각각 변하는 감정에 휘둘리는 게 아니라 감정을 조절할 수 있는 분별력을 가진 채, 내가 있어야 할 자리와 내가 받아들여야 할 현실의 무게를 내 역량의 크기에 맞게 재구성할 수 있다. 그런 과정을 통해 우리는 내면의 욕망과 언어, 삶의 태도, 방식을 일치시켜나간다. 타인이 내가 걸어가고자 하는 길을 막으려 할 때 단호하게 'No'라고 말할 수 있게 한다. 그래서 고독은 스스로 만들어가는 것이며 나를 완성해가는 일상의 정의다.

어반자카파의 노래 〈혼자〉에는 이런 노랫말이 있다. "혼자 걷는 밤, 혼자 하는 약속, 혼자 하는 새벽, 혼자 오는 아침, 빛나네."

맞다. 혼자일 때만 느낄 수 있는 빛이 있다. 누군가가 명명해준 나에게서 벗어나 스스로 자신의 존재를 만나고 세우는 시간. 거기에 인간만이 느낄 수 있는 빛이 있다. 타인과 대립하는 고립을 위한 시간이 아니라, 외로움에 움츠러드는 시간이 아니라 혼자서도 충만한 시간을 보낼 수 있는 정서적 독립을 위한 시간이자 내 삶을 내 본성에 맞게 흐르도록 길을 여는 시간이다. 그래서 고독은 자기 자신으로 살되 동시에 만족할만한 삶을 살기 위한 숙명의 시간이자 빛의 시간이다. 이럴 때 고독은 내가 원하는 삶의 길을 차분히 열어준다. 그 길 위에서 뿜어내는 고유하고 충만한 빛이 새로운 결이 되어 종국에는 타인까지 밝혀준다.

아멜리에는 고독에서 새로운 삶을 발견한다. 그녀는 고독에서 즐거움을 찾는 마술사이다. 그런 그녀에게 사랑하는 사람이 생긴다. 그의 이름은 니노이다. 그는 아멜리에 못지않게 희한한 인물이다. 그의 취미는 시멘트 위에 찍힌 발자국 사진 찍기, 이상한 웃음소리 녹음하기, 그리고 버려진 증명사진을 모으는 것이다. 그러던 어느 날 아멜리에는 니노의 사진첩을 줍는다. 수많은 찢긴 증명사진들로 가득 찬 사진첩을 바라보며 그가 어떤 사람일지 생각하다 사랑에 빠져버린다. 그녀는 그에게 사진첩을 돌려주기로 한다. 그렇다고 쉽게 돌려주진 않는다. 마치 첩보 영화를 찍듯이 조심스럽고 재미있게 다가선다. 한쪽이 단서를 던지면 다른 한쪽은 단서를 쫓아간다. 운명을 가로질러 서로에게 가는 그런 거창한 사랑이 아니라 아기자기한 게임처럼 서로에게 다가선다. 하지만 이 놀이에는 반드시 끝이 있어야 한다.

더는 자신을 숨기지 않고 내보여야만 사랑이 이루어질 테니까.

니노와 아멜리에는 다른 삶을 살아온 사람들이지만 결정적인 공통점이 있다. 아멜리에가 친구도 없이 무심한 부모님 아래에서 외로운 어린 시절을 보냈다면 니노는 학교에서 괴롭힘을 당해 고립되었고 남들 앞에 선뜻 나서지 못한다. 하지만 두 사람은 자신들이 맞닥뜨린 길고긴 혼자의 시간들을 자신을 불행과 고통 속으로 몰아넣는 핑곗거리로 삼지 않았다. 타인의 시선에 동화되기 위해 애쓰거나 친밀감을 얻기 위해 자신을 다듬으려 애쓰는 대신 오히려 다른 자신을 이해하고 받아들여 독특한 자신만의 세계를 만들어가는 자양분으로 삼았다. 자신만의 놀이를 찾고 자신만의 느낌을 찾고 자신만의 시선을 찾아가는 시간들로 채웠다.

고독 속에서 내면의 목소리에 귀 기울였던 이들은 세상 사람들의 기준에 쉽사리 흔들리지 않는다. 외로움 때문에 자신을 타인에게 내어준 게 아니라, 외로울수록 더 자신을 껴안고 사랑해준 시간들 덕분에 그들은 자신을 찾을 수 있었고, 마침내 그 누구와도 달랐던 서로를 찾아낼 수 있었다. 그리고 그들은 서로에게 몰입하기 시작한다.

 하이데거에 따르면 인간은 '단독자'가 되었을 때 본래적 삶을 살아갈 수 있다.[7] 본래적 삶이란 자신의 결단으로 자기 존재를 실현하며 살아가는 것을 말한다. 앞서 말했듯이 인간에게는 두 가지 충동이 있다. 누군가와 함께하고 싶은 충동과 독자적으로 살고 싶은 충동이다. 이때 중요한 것은 두 가지의 조화가 아닐까? 타인과 함께하는 것이 진정으로 즐겁기 위해선 '독자적'인 삶이 가능해야 한다. 가장 좋은 것은 함께 있어도 모두가 단독자인 삶이다. 단독자의 삶은 먼저 고독을 견뎌야만 가질 수 있다. 그런데 아멜리에는 고독을 견디는 것에서 한발 더

---

7 단독자는 철학자 키르케고르가 처음 사용한 개념어이다. 그는 죽음의 이르는 병에서 단독자에 대해 다음과 같이 설명한다. "인간은 정신이다. 그런데 정신은 무엇인가? 정신은 자기이다. 그러면 자기는 무엇인가? 자기는 관계가 아니라 자기 자신과 관계하는 관계이다." 복잡해 보이는 이 말의 의미는 간단하다. 인간은 개별적인 존재이고 이것을 출발점으로 삼아 독자적인 존재가 될 수 있다는 의미이다. 한마디로 단독자란 나 자신을 똑바로 보고 타인과의 관계를 맺는 사람이자 타인의 눈치를 보지 않고 홀로 걸어가는 사람이다. 오늘날 현대인은 자신의 고유한 주체성을 감춘 채 집단 속에 파묻혀 무난히 살아간다. 그렇게 조금씩 자기를 잃어가는 것이다. 하지만 키르케고르는 단독자라는 개념을 통해 홀로 서 있는 존재를 이야기한다. 그는 개인의 삶이 진리보다 더 중요하다고 생각하며, 구체적이고 독자적인 삶을 옹호한다.

나아가 고독을 즐기는 경지에 이른다. 그녀의 삶은 무엇이 자신에게 기쁨을 주는지 찾아가는 끝없는 연습이었기 때문이다. 그녀는 어떤 삶이 자신에게 잘 어울리는지 알고 있다. 나만의 방식이 일상이 되었을 때, 타인과의 관계도 나다운 방식으로 풀리게 된다.

아멜리에의 유쾌한 고독은 이제 함께하는 삶을 향해 나아간다. 아멜리에는 니노와 함께하며 누릴 행복을 상상하고 그가 자신을 찾아오길 간절히 바랐다. 그가 다른 여자와 함께 산책하러 나갔다는 소식을 들었을 때는 슬퍼서 눈물을 흘리기도 한다. 영화의 마지막에 니노가 문을 두드리며 찾아왔을 때 잠시 망설이기도 한다. 하지만 그녀는 문을 박차고 나가 새로운 삶을 맞이한다. 그리고 우린 짐작할 수 있다. 아멜리에라면 사랑에 빠지더라도 자신을 잃지 않을 것이다. 그녀의 사랑은 정말로 풍성할 것이며 아직은 발견하지 못한 또 다른 자신을 만나는 기쁨을 누릴 것이다. 아멜리에는 함께하는 행복과 독자적인 행복을 동시에 누린다. 이것은 그녀가 견뎌낸 고독이 준 선물이다.

2

잠재된 삶의 발견, 선택

토마시는 유명한 바람둥이이다. 그는 프라하의 병원에서 근무하는 의사로, 아내와 이혼하고 부모님과 연락도 끊어버린 채 자유분방한 삶을 살고 있다. 방탕해 보이는 그의 삶에도 나름의 원칙이 있다. 어떤 여자와도 하룻밤을 함께 하지 않는 것. 자기 집에서 내보내든, 여자 집에서 자기가 나오든, 함께 밤을 보내는 일은 하지 않는다. 절대로 반복되는 인연은 만들지 않는다. 어떤 여자든 한번 만나면 거기서 끝이다. 그저 스쳐 지나가는 정도로 만족하는 것이다. 그러던 어느 날 토마시는 보헤미아의 한 작은 마을에서 테레자를 만난다. 그들이 함께한 시간은 고작 한 시간 남짓이 전부이다. 그런데 이상하게 그녀가 계속 머릿속에 떠오른다. 예전과 다를 바 없는 그저 스쳐 지나가는 인연인 줄 알았는데 그것이 아니었다.

열흘쯤 지난 어느 날, 테레자가 아무 연락도 없이 토마시를 만나러 프라하로 온다. 바로 그날 밤 그들은 동침한다. 그리고 때마침 심한 독감에 걸려버린 그녀는 그곳에서 일주일 내내 머무른다. 토마시는 자신의 침대에서 잠들어 있는 테레자를 바라보며 무어라 설명할 수 없는 감정을 느낀다. 그의 눈엔 그녀가 마치 바구니에 담긴 채 강물에 버려진 아기처럼 보였다. 토마시는 여자에 대해 아무것도 알지 못하면서 불현듯 그녀가 죽고 나면 자신도 살 수 없으리라는 이상한 생각에 빠져든다. 급기야 곁에 누워 함께 죽고 싶은 마음마저 생긴다. 하지만 일주일 후 건강을 회복한 그녀는 다시 시골로 내려간다.

토마시는 자기 집 창가에 홀로 선 채 고민에 빠진다. 언제나 그랬던 것처럼 한 번의 인연으로 넘어가야 할까, 아니면 그녀를 되찾으러 가는 것이 좋을까? 그는 창문 넘어 맞은편 벽을 바라보며 생각한다. 그 순간 느꼈던 감정이 사랑일까? 하지만 겨우 두 번 만났을 뿐인데! 단 두 번의 만남으로 사랑을 느낀다는 것이 가능이나 한 것일까? 도대체가 확신이 서지 않는다. 그것은 정말 사랑일까? 자기 인생의 가장 아름다운 순간, 토마시는 아무것도 결정하지 못한 채 한없이 고민에 빠진다.

가장 큰 선택의 딜레마

사람이 무엇을 희구해야만 하는가를 안다는 것은 절대 불가능하다. 왜냐하면, 사람은 한 번밖에 살지 못하고 전생과 현생을 비교할 수도 없으며 현생과 비교하여 후생을 수정할 수도 없기 때문이다.

테레자와 함께 사는 것이 나을까, 아니면 혼자 사는 것이 나을까?

도무지 비교할 방법이 없으니 어느 쪽 결정이 좋을지 확인할 길도 없다. 모든 것이 일순간, 난생처음으로, 준비도 없이 닥친 것이다. 마치 한 번도 리허설을 하지 않고 무대에 오른 배우처럼. 그런데 인생의 첫 번째 리허설이 인생 그 자체라면 인생이란 과연 무슨 의미가 있을까? 그렇기에 삶은 항상 초벌 그림 같은 것이다. 초벌 그림은 항상 무엇인가에 대한 밑그림, 한 작품의 준비작업인 데 비해, 우리 인생이라는 초벌 그림은 완성작 없는 밑그림, 무용한 초벌 그림이다.

토마시는 독일 속담을 되뇌었다. *einmal ist keinmal*. 한 번은 중요치 않다. 한 번뿐인 것은 전혀 없었던 것과 같다. 한 번만 산다는 것은 전혀 살지 않는다는 것과 같다.[1]

인간이 선택 앞에서 끝없이 고민하는 이유는 그 순간을 최초로 경험하기 때문이다. 이제 막 열 살이 된 아이의 삶이나 환갑을 맞이하는 노인의 삶이나, 처음을 살고 있다는 점에선 다를 것이 없다. 처음 겪어보는 그 상황은 너무나도 복잡하고 미묘한, 불확실성을 가지고 있다. 밀란 쿤데라의 소설《참을 수 없는 존재의 가벼움》속 주인공 토마시의 고민이 바로 이것이다. 토마시는 그날 자신이 느낀 감정이 사랑인지 아니면 신경증적인 반응인지 한참을 고민하지만 답을 알 수 없다. 더불어

---

1 밀란 쿤데라,《참을 수 없는 존재의 가벼움》, 이재룡 옮김, 민음사, p15

테레자와 함께 사는 것이 좋은지 아니면 혼자 사는 것이 좋은지 고민하지만, 역시 답을 알 수 없다. 그는 선택의 딜레마에 빠져버렸다. 토마시는 난생처음 경험하는 상황을 두고 비교할 만한 대상도 없이, 자신의 삶에서 가장 중요한 결정을 내려야 한다.

삶은 마치 리허설 없이 올라간 연극 무대와 같다. 단 한 번도 연습해보지 못한 채 다짜고짜 살아내야만 한다. 토마시는 절망한다. 아무리 고민해봐도 자신이 뭘 원하는지 알 수 없다. 그러다 그는 자기가 진정으로 원하는 게 무엇인지 모르는 것은 너무나 당연하다는 결론을 내린다. 자신이 무엇을 하고 싶은지 정확히 안다는 것은 절대 불가능하다고 생각한다. 왜냐하면 사람은 한 번밖에 살지 못하기 때문이다. 가장 확실한 방법은 두 가지 삶을 모두 살아본 후 결정하는 것이지만 그것은 불가능하다. 비교할 방법이 없으니 어떤 선택이 좋을지 확인할 수도 없다. 그렇다고 아무렇게나 결정 내려버리기에는 이어질 삶이 무겁다.

영원회귀란 신비로운 사상이고, 니체는 이것으로 많은 철학자를 곤경에 빠뜨렸다. 우리가 이미 겪었던 일이 어느 날 그대로 반복될 것이고 이 반복 또한 무한히 반복된다고 생각하면! 이 우스꽝스러운 신화가 뜻하는 것이 무엇일까? 뒤집어 생각해보면 영원한 회귀가 주장하는 바는, 인생이란 한번 사라지면 두 번 다시 돌아오지 않기 때문에 한낱 그림자 같은 것이고, 그래서 산다는 것에는 아무런 무게도 없고 우리는 처음부터 죽은 것이나 다름없어서, 삶이 아무리 잔혹하고 아무리 아름답고 혹은 찬란하다 할지라도 그 잔혹함과 아름다움이란 것조차도 무의미하다는 것이다.[2]

밀란 쿤데라는 니체의 영원회귀 사상에서 역설적인 영감을 받았다. 영원회귀 사상은 세상의 사건들은 영원히 같은 순서로 순환되고, 그렇기 때문에 현재의 이 순간은 영원한 의미를 지니며 우리의 행동 하나하나 또한 막중한 도덕적 책임감 하에 이루어져야 한다고 암시한다. 하지만 쿤데라는 이 사상의 정반대가 오히려 진실에 가깝지 않은지 묻는다. 인간의 삶이란 유한하고 찰나적이며, 절대 되풀이되지 않고 흘러가버린다. 이 생각은 일견 매력적으로 느껴진다. 삶이 정말 영원회귀하는 것이

---

2   위의 책, p9

고 그래서 우리가 지난하고 힘겨운 일상의 무게를 져내야만 한다면, 그 삶은 너무나 무겁지 않은가? 토마시의 두려움도 여기에 있다. 만약 그가 테레자와 혼인한다고 해보자. 끝도 없이 반복되는 하루가 그를 기다릴 것이다. 매일 똑같은 아침과 저녁, 한 여자만 바라봐야 하는 의무, 자녀에 대한 책임, 가족을 위해 돈을 벌어야 하는 부담까지. 이 모든 것들이 언제까지나 계속된다. 토마시는 자신의 인생 전체를 미래의 가족에게 헌납해야 할 것만 같다는 두려움에 질린다. 그러나 쿤데라는 말한다. "무거운 짐은 가장 격렬한 생명의 완성이기도 하다. 짐이 무거우면 무거울수록, 지상에 깔리면 깔릴수록, 삶은 더욱 생생해진다."

삶에 영원회귀가 없고 우리는 그저 순간의 연속으로 존재한다면 무엇을 책임지며 살아야 할 이유도 없다. 토마시가 보여준 자유분방함은 삶에 대한 그의 가벼운 시선을 보여준다. 운명과 책임을 짊어지지 않은 채, 끊임없이 스쳐 지나가는 인연만을 추구하는 것이다. 그의 생각에 "인간의 삶은 오직 한 번이며, 한 번뿐인 것은 전혀 없었던 것과 같다." 그러나 무거움이 나쁜 것이고, 가벼움이 좋은 것일까? "아무런 짐도 지고 있지 않다면, 인간의 삶은 너무나도 자유롭다 못해 무의미해지고 말

것이다." 우리의 존재가, 선택이, 행동이 아무런 의미도 없다는 현실 앞에 사람들은 견딜 수 없어 한다. 지금 행한 나의 선택이 어떤 의미가 있는지, 어떠한 결과를 가져올지 아무것도 알 수 없다. 그렇기에 한 번뿐인 삶은 '참을 수 없을 만큼의 가벼움'을 가진다.

쿤데라는 묻는다. 삶을 가벼운 것으로 바라볼 것인가, 무거운 것으로 바라볼 것인가? 어느 쪽이 더 좋은 선택일까? 인간은 삶의 무거움과 가벼움 사이를 방황한다. 삶의 무거움은 부담스럽고 지나친 가벼움은 무의미하다. 그렇다면 우리는 어느 정도를 추구하며 살아야 할까? 이것이야말로 우리 삶이 가진 가장 힘겨운 고민이다. 어떤 일을 하고 살아야 할지, 지금 하는 일을 계속해야 할지 말아야 할지, 결혼하고 아이를 낳는 게 맞는 건지 아니면 혼자 사는 게 좋은 건지. 인생의 가장 중요한 선택 앞에는 언제나 삶의 무거움과 가벼움이 놓여 있다. 그리고 나는 얼마만큼의 무거움을 감당할 수 있는가? 감당하고 싶기는 한 건가? 항상 처음을 살아야 하는 삶 속에서, 우리는 끊임없이 그 질문을 던질 수밖에 없다.

가능성의 허상

영화 《어바웃 타임》은 시간 여행에 관한 이야기를 담고 있다. 팀은 자신이 원할 때마다 과거로 돌아가 새로운 선택을 할 수 있다. 비록 먼 과거로 돌아가 히틀러를 죽인다거나 더 멀리 돌아가 헬레나와 뜨거운 사랑을 나누는 것은 불가능하지만, 내가 살아온 과거 안에서는 얼마든지 시간 여행이 가능하다. 팀이 시간 여행을 통해 원하는 것은 오직 하나다. 바로 여자 친구를 사귀는 것이다. 하지만 그건 생각보다 만만찮다. 청년이 된 팀은 고향을 떠나 런던의 변호사 사무실에 취직한다. 매일 쳇바퀴 돌듯 일만 하던 어느 날 블라인드 카페에서 운명의 여자를 만난다. 그는 대화가 너무나도 잘 통하는 사랑스러운 그녀와 곧바로 사랑에 빠진다. 하필이면 그날 밤 극작가인 집주인 아저씨에게 불행한 일이 생기고 말았다. 팀이 그녀를 만나게 되었던 그 시각, 아저씨는 새로 발표한 연극의 초연을 관람 중이었다. 그런데 연극의 클라이맥스에서 연기자가 대사를 잊어 30분이나 멍하니 서 있었던 것이다. 최고의 명작은 그 순간 저질러진 어처구니없는 실수로 졸작으로 전락해버렸다.

자 이제 어떻게 할 것인가? 팀은 선택해야 한다. 최악의 상황을 맞이한 집주인 아저씨를 도와줄 것인가? 아니면 첫눈에 반한 여자와 인연을 이어갈 것인가? 팀은 일생일대의 선택 앞에서 고민에 빠진다. 분명한 건 선택하는 순간, 하나의 세계가 내 앞에 펼쳐지고 나머지 가능했던 세계는 사라진다. 아저씨를 도와주자니 첫눈에 반한 그녀가 눈에 선하고 그녀를 포기하자니 고통받는 아저씨가 눈에 밟힌다. 하지만 둘 다 가질 수는 없다. 팀은 과거로 돌아가 집주인 아저씨를 도와준다. 하지만 그 대가로 그녀를 놓친다. 다시 카페로 뛰어가봤지만, 여자는 집으로 돌아가고 없다. 너무나도 후회스럽지만 이미 선택은 이루어졌다. 그토록 오랜 시간 소망하던 삶을 바로 눈앞에서 잃어버린 것이다.

선택이 어려운 가장 큰 이유는 하나의 가능성이 영원히 사라지기 때문이다. 문제는 여기에서 시작된다. 만약 원하는 결과가 나오지 않으면 어떡해야 할까? 사라져버린 세계에 대한 미련과 후회가 남지는 않을까? 이것이 선택 앞에서 망설이게 되는 주된 이유이다. 나 역시도 무엇이 좋은 선택인지 몰라 무려 십여 년 동안 갈팡질팡하며 시간을 보낸 적이 있다. 처음엔 열정도 있었고 꿈도 컸지만, 긴 세월 모든 것에 무뎌졌다. 이제 그만해야 한다는 생각은 들었지만 결단을 내리지 못했다. 그토록 오랜 시간 갈망하던 삶을 가질 수도 없었고 그렇다고 놓을 수도 없었다. 혹시나 하는 마음과 포기했을 때의 미래가 두려웠기 때문이다. 차라리 뭉개고 앉아 있으면 뭐라도 하는 것처럼 보이기에 그렇게 타성에 젖어 세월을 녹였다. 하지만 그렇게 뭉개버린 시간은 나를 더욱 불안하게 만들었다.

철학자 들뢰즈에 따르면 모든 선택은 하나의 가능성을 뜻한다. '가능성'이란 내가 상상하는 미래의 삶을 의미한다. 지금 하고 있는 일 또는 새롭게 준비하고 있는 일, 어릴 때부터 간절히 꿈꿔왔던 일까지. 이 모든 것은 나에게 주어진 하나의 가능성이다. 그것이 이루어졌을 때의 내 모습을 상상한다. 시험을 준비하는 사람은 합격하고 난 이후의 자신을 상상할 것이고, 사업을 준비하는 사람은 성공한 사업가로서의 자신을 상상할 것이다. 수많은 가능성을 상상한 이후 어느 것이 더 좋을지 고민한다. 이를 두고 가능성의 세계라고 말하며 선택은 바로 여기에서 이루어진다.

가능성의 세계는 주변에서 흔하게 본 것들로 채워진다. 예컨대 창업을 고민한다면 대박을 터트리는 몽상도 해보겠지만 쫄딱 망해 길에 나앉을까 덜컥 겁이 나기도 할 테다. 이러한 상상은 주변 사람들을 토대로 만들어진다. TV에서 본 성공한 사업가의 삶을 자신에게 대입하고 주변에서 본 실패한 삶 또한 자신에게 대입한다. 어차피 직접 해본 적이 없으므로 타인의 삶을 가져올 수밖에 없다.

팀은 그녀를 놓친 후 집으로 터벅터벅 돌아오며 깊은 상념에 잠긴다. 만약 아저씨를 포기하고 그녀를 만났다면 어찌 되었을까? 그의 마음속에는 가지 않은 길에 대한 후회가 가득하다. 팀은 그녀와 함께할 수 있었던 행복한 나날들, 같이 이룰 수 있었을 많은 것들을 상상하며 아쉬워한다. 그러나 팀은 자신이 떠올릴 수 있는 가장 이상적인 결과를 자신의 삶에 대입해보고 있을 뿐이다. 그 만남으로 그녀와 사귀게 될지, 결혼할지 그리고 정말 행복할지는 해봐야만 알 수 있다. 이것이 바로 가능성의 세계가 가진 한계이다.

평범한 사람들은 가능성을 추구하며 살아간다. 확실히 우리가 원하고 상상하는 모든 것들은 주변에서 익숙하게 본 것들이다. 자기가 보고 경험한 딱 그만큼의 세상 속에서, 더 좋아보였던 것을 원하기에 결과적으로 대부분의 사람들은 비슷한 삶의 모습을 추구한다. 상상력은 언제나 거기에서 멈추기 때문이다. 하다못해 로또에 걸리면 무엇을 할지 상상할 때도 기껏해야 빚을 갚고 집과 좋은 차를 사는 정도에서 더 나아가질 못한다. 결국 가능성이라는 것은 새로운 것의 창조가 아닌, 기존 현실의 재현이자 반복이다. 이렇듯 모든 선택은 가능성의 세계 안에 갇혀 있다. 그러나 펼쳐진 미래는 종종 가능성의 세계 안에서 구상했던 것과는 전혀 다르다. 어떤 면에서 원했던 결과를 낳는다 해도 그것은 현실의 일부일 뿐이다. 따라서 대부분의 선택은 언제나 미련과 후회를 불러올 수밖에 없다.

그래서 인간은 시간 여행을 꿈꾼다. 미래가 두렵고 현재가 불만족스러울수록, 사람들은 후회 없는 선택을 위해 미래를 알고자 한다. 아직도 점집이며 철학관, 심지어 타로카드 카페까지 성업 중인 이유가 이 미래에 대한 불안감에 있다. 진학할 때도, 취직할 때도, 심지어 결혼할 때마저 우리는 어떤 가느다란 확신을 쥐려 돈과 시간을 투자한다.

하지만 《어바웃 타임》의 시간 여행은 과거로 가는 시간 여행이다. 과거는 이미 벌어진 일이기에 호기심의 대상이 될 수 없다. 사실 과거로 가는 시간 여행 역시 욕망의 본질은 비슷하다. 과거 여행은 이미 저지른 선택을 수정할 기회라는, 어쩌면 미래 여행보다 더욱 절박한 욕구를 실현한다. 사람들은 후회를 품고 살아간다. 그리고 그 원인이 어떤 잘못된 선택, 혹은 예상대로 풀리지 않은 선택에 있다 믿는다. 강의를 하면서 만난 많은 사람들은 현재 불만족스러운 자신의 삶을 토로하며, 현재의 삶을 결정지었던 순간으로 돌아가길 원했다.

우리는 살아가며 수많은 일생일대의 순간들을 경험한다. 그리고 그 순간에는 반드시 선택이 담겨 있다. 내 인생을 송두리째 바꾸어버린 결정적인 분기점이 있다. 지금의 나를 만든 순간이 아니라면 후회도 생기지 않는다. 오늘 아침에 먹은 밥이 후회스러워 과거로 돌아가고 싶은 사람은 없을 것이다. 철학자 앙리 베르그송은 살아간다는 것은 시간 위를 걷는 것이라고 했다. 시간이 존재하는 세계에는 끝없는 선택과 분기점이 존재한다. 그리고 오직 하나의 선택된 길만을 걸어갈 수 있다. 선택은 마치 하늘의 별자리처럼 이어져 지금의 내 모습을 그려낸다. 사람은 각자 다른 별자리를 그리며 살아가고, 별자리를 이루는 점 하나하나는 꽤 중요한 선택이 담긴 순간으로 볼 수 있다. 이런 순간들을 '사건'이라고 부른다. 사건은 내 인생을 바꾸는 뜻밖의 순간이며, 그 이전과 이후로 확실하게 나눌 수 있는 굴곡이 생기는 순간이다. 잠시 우리의 삶을 가만히 돌이켜보면 그 사건들이 지금의 나를 만들었음을 알 수 있다.

하지만 그 중대한 사건이 숙고 끝에 이뤄진 것은 아닌 경우가 많다. 대부분의 사람은 결정적인 순간을 맞았을 때 떠밀리듯 선택을 내린다. 그리고 오랜 시간이 지난 후에야 그 순간의 중요성을 깨닫는다. 그리고 그 순간을 되돌리고 싶어 한다. "그때 좀 더 공부했더라면, 그때 성급하게 회사에서 나오지 않았더라면, 그때 다른 전공을 선택했다면, 그때 그 여자와 결혼했더라면, 지금 내 삶은 달라져 있을 텐데." 하지만 정말 그럴까? 간절히 원했던 소망을 이루더라도, 지금과 다른 선택을 했더라도, 막상 닥쳐온 현실은 예상한 그림과는 전혀 다를 수 있다. 예컨대 선생님이 되기를 원했던 사람이 시간을 되돌려 그 꿈을 이루었다고 해보자. 그렇다면 이상적인 삶을 살 수 있을까? 과도한 행정업무에 시달리고 예전 같지 않은 교권으로 아이들을 가르치며 숨 막히도록 스트레스를 받았을지도 모른다. 이를 두고 가능성의 허상이라 부른다. 우리는 수많은 허상에 갇힌 채 살아가고 있다.

강요된 선택

나는 명절에 친척들을 만나는 것을 그다지 좋아하지 않는다. 일가친척들을 만나면 대부분 비교로 시작해서 비교로 끝나기 때문이다. "큰집 미경이는 대기업에 취직했더라, 그리고 작은집 서진이는 사법시험에 붙었다고 하더구나. 넌 요즘 어떻게 지내고 있니?" "네 사촌 누나는 벌써 결혼해서 애 낳고 사는데 넌 도대체 언제 결혼할 거니? 지금 만나는 사람은 있고?" 사실 이런 질문을 하는 이유는 거창한 것이 아니다. 그냥 가끔 본 친척과 딱히 할 말이 없어서 별생각 없이 묻는 경우가 대부분이다. 그런데 정말 슬픈 건 저 질문들 앞에서 당당할 수 없었다는 것이다. 나 자신을 믿고 확신을 가지고 있다면 주눅이 들 이유가 없다. 나는 그렇지 못했다. 그래서 괜한 눈치를 보곤 했다. "혹시 지금 내가 하는 일을 안 좋게 바라보면 어떻게 하나? 말하기엔 좀 쪽팔리는데 그냥 거짓말을 할까? 내 친구들은 벌써 대기업에 취직해서 돈을 많이 번다는데 난 왜 이 모양 이 꼴일까? 아니 내가 어떤 모습이든 간에, 나는 왜 지금 하는 일을 당당히 말하지 못하고 우물쭈물하는 걸까?" 나는 스스로를 부끄러워하며 당시 하던 일을 솔직하게 말하지 못하고 얼버무렸다. 그들이 나를 어떻게 바라볼지 두려웠기 때문이다.

내 삶을 그대로 말하지 못했던 가장 큰 이유는 불확실성 때문이었다. 나에게는 여러 선택지가 열려 있었고, 그 선택들이 내 삶을 어디에 올려놓을지 모르기에 당시의 나로 규정되고 싶지 않았다. 나는 미래가 두려웠고, 타인의 비웃음 또한 걱정됐다. 그럴 때면 나는 주변인들에게 무엇이 더 나은 선택인지 묻곤 했다. 다른 사람들의 가치를 알고 싶었다. 하지만 대부분의 사람들은 그중 가장 안정적인 길을 제시할 뿐이었다. 그들 또한 그것이 가장 좋은 선택이라고 배웠으며, 실제로 우리가 사는 사회가 가장 인정해주는 가치였기 때문이다. 하지만 모두가 옳다고 말하는 길은 지독히 가기 어렵다. 대기업 일자리는 8퍼센트뿐인데 모두가 가고 싶어 한다면 탈락자가 훨씬 더 많을 수밖에 없다. 100명이 하나의 공무원 자리를 놓고 경쟁한다면 아흔아홉 명은 아무리 노력해도 탈락한다.

그럼 반대로 가슴 뛰는 일을 찾으면 행복할까? 로버트 프로스트는 자신의 시 〈가지 않은 길〉에서 사람들이 많이 가지 않은 길을 택해 모든 게 달라졌다고 말했다. 하지만 다른 길 끝에 반드시 아름다운 종착지가 기다리고 있을까? 중고등학교 시절 재즈 음악에 푹 빠져 있었다. 당시에는 악기를 손에 꼭 쥐기만 해도 가슴이 뛰었고 악기 연습을 하고 있으면 시간 가는 줄도 몰랐다. 하지만 막상 진로를 선택할 때가 다가오자 나는 불안감에 빠졌다. 음악하면서 살겠다는 결심은 흔들렸고 철없다고 꾸짖고 혀를 차던 주변 사람들의 목소리가 생생하게 꽂혔다. 결국, 남들 눈에 그럴듯해 보이는 대학에 집착하기 시작했고 그 집착 끝에 음악은 사라지고 없었다.

나는 그때의 내 결정을 후회하지 않는다. 음악으로 성공한다는 꿈은 여느 취업 시험 통과보다 어려운 일이고, 그 길을 좇는 것이 무조건 행복하지만은 않았을 것이다. 나는 더 나아갈 용기가 없었다. 대중매체는 오직 성공한 사람만을 이야기할 뿐이다. 실패한 무수한 사람들에 대해서는 언급하지 않는다. 많은 사람들이 꿈꿀 수 있는 자유의 아름다움을 예찬하지만, 너무 요원한 목표를 좇을 때 끊임없이 싸워야 하는 불안함과 좌

절감에 대해서는 아무도 말하지 않는다.

"나는 성공했는데 넌 왜 안 되니? 내 생각엔 넌 너무 노력을 안 하는 것 같아." 어디서 많이 들어본 이야기다. "넌 왜 가슴 뛰는 일을 선택하지 않니? 네가 진정 원하는 일을 선택해봐. 그게 너를 행복하게 해줄 거야." 이것도 만만치 않다. 두 이야기는 다른 것 같지만, 둘 다 기존의 가능성을 추구할 뿐이다. 어쩌면 안전한 길만큼이나 꿈 또한 사회적으로 강요된다. 안정된 직업을 추구하라는 압박과 가슴 뛰는 일을 알지 못하는 사람들을 패배자로 보는 시선이 동시에 존재한다. 슬로베니아의 사회학자 레나타 살레츨은 이러한 현상을 두고 강제된 선택이라 부른다.[3] 진학, 취업, 결혼 등 대부분의 중요한 결정들이, 강제된 선택지 안에서 이루어진다. 문제는 우리가 그것이 강제된 선택이라는 것을 인식하지 못하고 그것이 내 진짜 욕망이라고 믿는 데 있다.

---

3 레나타 살레츨, 《선택이라는 이데올로기》, 박광호 옮김, 후마니타스, 5장

정신분석학자 라캉은 한 사람의 주체성은 강요된 선택과 밀접한 연관성이 있다고 말한다. 나라는 사람은 스스로 만들어 나간 것이 아니라 타인에 의해 강제된 경우가 많다는 것이다. 라캉에 의하면 "이게 나야!"라고 말할 수 있는 고유한 정체성은 철저하게 '대타자Big Other'에 의해 결정된다. 여기서 대타자란 언어, 문화, 제도, 사회 등을 총체적으로 구성하는 모든 것을 의미한다. 쉽게 말해 그 사회가 옳다고 여기는 지극한 상식의 영역으로써 조금도 의심하기 힘든 생각 따위를 말한다. 예컨대 결혼을 앞둔 커플에게 가장 큰 문제가 되는 것은 바로 집이다. 여기서 말하는 집은 일정 가격대 이상의 아파트를 의미한다. 세상의 어떤 시선은 그 이하는 결단코 인정하지 않으려한다. 그럼 아파트를 향한 욕망은 과연 누구의 것일까? 어쩌면 우리의 욕망이라 믿었던 것은 철저히 세상의 욕망을 대리하고 있을지도 모른다.

주체는 타인의 시선이 자기를 어떻게 바라볼지 쉴 새 없이 추측한다. 그리고 세상의 인정을 얻고자 최선을 다해 노력하고, 얼마만큼 내가 인정받는지 알고 싶어 한다. 우리 모두는 이런 굴레의 불합리성을 너무나 잘 알고 있지만, 사회의 시선을 외면할 용기는 없다. 항상 세상의 눈치를 보며 사는 것이다. 세상의 기준이 문제라고 말하지만, 그 기준에 나를 가둬버린 건 누구도 아닌 나 자신이다. 한 가지 확실한 건 안전한 삶이든 꿈꾸는 삶이든 타인의 시선이 매개가 되는 순간, 선택은 강요되고 나는 철저하게 세상에 구속될 수밖에 없다. 이 과정에서 창조적인 선택은 발견하기 힘들다. 오직 강요된 선택만이 존재할 뿐이다.[4]

모든 사람은 본성적으로 다른 사람들이 자기들의 의향에 따라 살아가기를 원한다. 모든 사람이 이것을 똑같이 원할 때 그들은 서로에게 비슷한 장애물이 되고, 모든 사람이 모든 사람들로부터 칭찬받거나 사랑받으려고 할 때 그들은 서로를 증오하게 된다.[5]

강요된 선택은 모두의 삶을 획일적으로 만들어가는 데 큰 역할을 한다. 스피노자에 따르면 인간은 자신만의 독특한 '특이성singularité'을 드러내는 이를 불편하게 느낀다. 그리고 왜 너는 남들처럼 살지 않느냐며 사회가 말하는 정답대로 살아가길

---

4   위의 책, p177~178
5   스피노자, 《에티카》, 서광사, p187

요구한다. 많은 사람들은 어떤 직업이 더 많은 인정을 얻는지, 무엇이 타인의 선망이 되는지 끝없이 관찰한다. 많은 사람들이 좋다는 것을 욕망하고 가질 수 있다면 타인의 인정을 쉽게 얻을 수 있기 때문이다. 하지만 모든 사람이 똑같은 것을 원한다면 서로는 걸림돌이 될 수밖에 없으며, 모두가 타인의 인정을 얻으려고 애쓴다면 서로를 증오할 수밖에 없다. 세상이 가치 있다고 말하는 것들은 대단히 한정적이기 때문이다.

소진된 인간

모든 것이 끝났다고 생각되는 순간이 있다. 나의 경우는 10년 넘게 준비한 시험에 결국 실패했을 때 그런 생각이 강하게 들었다. 사실 누군가는 붙고 누군가는 떨어질 수밖에 없는 것이 시험이다. 난 후자에 속하고 말았다. 합격만 하면 결혼을 하고 집을 사서 아이도 낳는 그런 삶을 상상했다. 하지만 나의 상상이 실현될 가능성은 모래처럼 조금씩 내 손아귀를 빠져나가고 있었다. 문득 이대로 가다간 내 인생은 끝장난다는 위기감이 들었다. 이러지도 저러지도 못한 채 나는 제자리를 맴돌고 있었다. 십여 년 동안 상상해왔던 가능성을 붙잡고 늘어질 뿐이었다. 이때 들뢰즈는 내게 아주 독특한 생각의 전환을 전해주었다. 그는 돌이킬 수 없는 실패가 아닌 완벽한 소진에 관해서 이야기한다.

영화 《어바웃 타임》은 실패가 아닌 새로운 시작에 대한 이야기다. 팀의 여동생 킷캣은 알코올 중독과 폭력적인 남자 친구로 인해 완전히 망가진 인생을 살고 있다. 그러다 조카의 돌잔치 날 음주운전으로 교통사고를 내 병원에 입원한다. 그 사실을 알게 된 팀은 먼저 시간을 돌려 사고를 막는다. 하지만 몇 번을 되돌아가 보아도 단 한 번의 사고를 막았을 뿐, 그녀의 삶의 방향은 바꿀 수가 없다. 이에 팀은 동생의 삶을 고쳐야겠다고 생각한다. 킷캣의 인생을 망쳐버린 근원적인 사건을 찾아내 바로잡을 수 있다면, 더 나은 삶을 살 거라고 믿는다. 이때, 팀은 동생의 삶을 실패한 것으로 규정하고 있다. 문제는 실패라고 여기는 순간, 그녀의 삶은 사고事故가 되어 수습의 대상으로 전락한다는 것이다. 사고는 그냥 없어져야 할, 처음부터 생기지 않았으면 좋았을 일에 불과하다. 이런 생각은 그녀의 삶을 송두리째 부정하는 것이다. 하지만 인생에는 성공 아니면 실패밖에 없는 걸까? 극단적인 이원론이 아닌 좀 더 다양한 삶의 스펙트럼이 존재한다는 것을 깨달을 때 우리는 비로소 타인뿐 아니라 자신의 삶과도 더 깊은 관계를 맺을 수 있다.

킷캣은 자기파괴적인 삶을 살았다. 그러나 이는 그녀의 선택이고 그녀만이 감당해야 하는 삶의 몫이다. 만약 실패라고 여겨지는 그 모습 또한 자신의 일부임을 받아들일 수 있다면, 새로운 변화와 기회를 찾을 수 있다. 킷캣은 병원 침상에 누운 채 자신을 바라본다. 이런 삶을 바랐던 건 아닌데, 어쩌다 이렇게 돼버렸을까? 자신이 꿈꾸고 상상해왔던 모든 가능성을 상실해버린 그녀는 자신을 골칫거리라고 말한다. 하지만 모두가 실패했다고 말하는 그 순간 킷캣은 새로운 삶의 결을 발견한다. 비록 고통스럽지만, 자신의 과거를 돌아보고 이를 받아들인 채, 새로운 삶의 기회로 삼는다. 모든 것을 잃었다고 생각한 바로 그 순간, 모든 것이 소진되어버린 그 순간, 그녀는 새로운 삶을 발견한 것이다. 어쩌면 세상이 실패라고 말하는 그 순간은 새로운 잠재성을 발견할 기회일지도 모른다. 이를 위해선 실패를 바라보는 색다른 관점이 필요하다. 진정한 나를 만나는 길은 완전한 소진에서 찾을 수 있을지도 모른다.

소진된 인간은 피로한 인간을 훨씬 넘어선다. 피로한 인간에게는 더 이상 어떤 (주관적인) 가능성도 남아 있지 않다. 그러므로 그는 최소한의 (객관적인) 가능성도 실현할 수 없다. 소진된 인간은 모든 가능한 것을 소진하는 자이다. 피로한 인간은 더 이상 실현할 수 없다. 그러나 소진된 인간은 더 이상 가능하게 할 수 없다. "내게 불가능한 것을 요구하기를. 좋다, 그것 말고 내게 무엇을 요구할 수 있으랴." 더 이상 가능한 것은 없다. 그 자신이 소진되어 가능한 것을 소진한 것일까, 아니면 가능한 것을 소진해버렸기에 그는 소진된 것일까? 가능한 것을 소진하면서 그는 소진된다. 그 반대이기도 하다. 그는 가능한 것에서 실현되지 않은 것을 소진한다. 모든 피로 너머에서 "결국 다시 한번" 가능한 것과 끝장을 본다.[6]

사람들은 피로한 하루하루를 견뎌 자신이 꿈꾸는 가능성에 다가가려 애쓴다. 중요한 건, 원하는 것을 얻는 데 성공하든 실패하든, 하나의 가능성은 영원히 사라질 수밖에 없다는 점이다. 원하는 것을 이루지 못했을 때 우리가 느끼는 허망함은 이

---

6 들뢰즈, 《소진된 인간》, 이정하 옮김, 문학과지성사, p23~24

루어 말할 수 없이 크다. 그런데 희한하게도 최선을 다해 원하는 것을 이루어도 공허해지곤 한다. 원하는 걸 얻으면 정말 행복할 줄 알았는데 예상치 못한 감정에 빠져든다. 왜냐하면, 현실이 되어버린 가능성이 과거로 흘러 사라졌기 때문이다. 그래서 인간은 또 다른 가능성을 붙잡으려 애쓰게 된다. 라캉의 말처럼 욕망은 언제나 여기에서 저기로 끝없이 옮겨 다니는 특성이 있다. 원하는 걸 얻는 데 성공하든 실패하든 가능성의 세계 안에 포획되어 있다는 사실만큼은 변하지 않는다.

소진된 인간은 모든 가능한 것을 소진하는 자이다. 인간은 모든 가능성을 소진했을 때, 자신을 둘러싼 세상의 가치에서 벗어날 수 있다. 그때 인간은 비로소 타인의 시선이 만들어낸 허상에서 벗어나 자신에게 눈을 돌리는 최초의 순간을 만난다. 소진된 인간은 모든 가능성의 허상에서 벗어날 수 있으며, 바로 그때 그 어떤 개념에도 구속받지 않는 순수한 자기 자신을 만나게 된다. "나는 누구인가, 어떻게 살아야 하는가? 내가 사는 이유는 무엇인가?" 최초의 순간을 맞이한 인간은 인생의 가장 본질적인 질문 앞에 서게 된다. 마치 애벌레가 미시적 죽음을 통해 나비가 되듯, 바로 그때 삶이 다시 한번 새롭게 시작하는 순간을 맞는다. 모든 것이 발가벗겨진, 나라는 존재 그 자체에만 집중할 수 있게 된다. 사회 또한 개인과 크게 다를 것이 없다. 피로한 사회는 작은 가능성을 두고 고혈을 짜낸다. 반면 소진된 사회는 사회의 가치와 구조를 새롭게 뒤바꿀 수밖에 없다.

들뢰즈는 모든 가능성이 끝나는 곳에서 '잠재성'이 시작된다고 말한다. 그에 따르면 인간은 각자만의 독특한 '특이성sin-gularité'을 가지고 있다. 특이성은 개인이 가지는 고유한 특성을 의미한다. 그리고 특이성이 창조해내는 차이를 잠재성이라고 부른다. 잠재성은 비록 눈에 보이지는 않지만 분명히 실재하는 것을 말한다. 마치 숨겨진 재능 같은 것을 말하는 것으로, 확실히 존재하지만 아직 실현되지 않은 창조적인 역량을 의미한다. 세상 모든 인간은 아직은 알 수 없는 무한에 가까운 잠재성을 가지고 있다. 다만 이는 "존재 그 자체"에 귀 기울일 때만 알 수 있다. 잠재성은 끝없이 변화하는 것을 말하기 위한 창조성의 기반이다. 존재한다는 것은 미리 규정되어 있는 질서를 체화하는 것이 아니라, 그 어떤 질서에도 종속되지 않는 창조적 진화 그 자체이다. 잠재성은 자기 자신 외에 그 어떤 것도 필요로 하지 않는다. 타인의 눈치를 볼 이유도 없다. 잠재성은 정확히 알 수 없는 것들로 이루어진 거대한 카오스와 같다. 이는 엄청난 혼돈을 의미하는 것이 아니라 규정된 적이 없는 것들, 아직 생각조차 해본 적이 없는 것을 의미한다. 진정한 잠재성은 모든 가능성이 소진된 이후에야 비로소 그 모습이 드러난다. 상상해 온 모든 가능성이 완전히 소진되었을 때, 뻔한 가능성에 집착하지 않고 전부 흘려보낼 수 있을 때, 인간은 자신만의 특이성과 잠재성을 만날 수 있다. 소진된 인간은 자신의 잠재성을 새롭게 바라볼 수 있다. 어쩌면 자기 삶의 길을 잃어버린 순간은 도리어 진짜 자신을 만날 좋은 기회가 된다. 실패를 위해 선택할 필요는 없지만 실패가 두려워 선택을 피할 이유도 없다.

변호사가 되겠다는 내 '가능성'은 실패로 돌아갔다. 하지만 그 10년의 실패가 내게 남긴 것이 있다. 나는 내가 사회와 주변 사람들의 인정을 무척 중요시하는 사람임을 알았다. 분명 나도 그 시험을 준비하기 전에 좋아하던 것들이 있었다. 내가 추구하는 삶이 있었다. 그러나 불안이 엄습하자 나는 뒤도 돌아보지 않고 사회적으로 인정받을 수 있는 직업을 갖기 위한 길에 매진했다. 그렇게 10년을 보냈고 나는 그 직업을 갖는데 실패했다. 한동안은 그런 내가 싫었다. 패배자인 나를 받아들이는

데 많은 시간이 걸렸다. 하지만 패배한 나를 받아들이자 또 다른 내가 보였다.

나는 인문학 서적을 초등학교 4학년 때부터 읽었다. 다른 사람들이 어려워 고개를 설레설레 흔드는 책들도 나는 재밌었다. 완전히 이해하지는 못해도 즐겼다. 마치 어려운 수학문제를 풀듯 모호한 개념들을 내 방식으로 이해하고 풀어나가는 것이 재밌기도 했다. 하지만 가장 중요한 것은 끝없이 내게 너의 길을 가라고 말하는 인문학의 중심 메시지였다. 어린 나에게 삶에 무엇인가 다른 의미가 있다는 메시지는 신선하고도 매력적이었다. 또 나의 길을 가기 위해 내가 무엇을 모르고 있는지, 무엇을 알아야 하는지, 무엇이 필요한지 말해주고 있었다. 그렇게 살지는 못했지만 나는 그런 인문학이 좋았다.

거듭된 좌절을 겪은 후 나는 깨달았다. 인정을 받고 싶은 나, 그럼에도 휘둘림 없이 내 길을 가고 싶은 나, 둘 다 모두 나라는 사실이다. 그리고 인문학을 통해 대부분의 인간이 그러하다는 것을 깨달았다. 나를 싫어할 이유도 나를 대단히 여길 이유도 없다. 수많은 선택의 길에서 나는 그 당시 더 절박한 곳을 향했던 것 같다. 그런데 뼈저린 실패는 절박함이나 가능성이 아니라, 내가 진짜 원하는 것에 더 주목하게 해주었다.

그 후 나는 새로운 길에 들어섰다. 인문학 책을 내고 인문학 강연을 시작했지만 그것이 어떤 가능성 때문은 아니었다. 어깨의 힘이 빠지고 그저 내가 할 수 있는 일 중에 가장 잘할 수 있는 일을 했을 뿐이었다. 하지만 시간이 지날수록 또 다른 내 본성이 고개를 든다. 인문학 베스트셀러를 내고 싶고 명강의를 해서 사회적인 명성도 얻고 내가 사랑하는 많은 이들에게 인정받고 싶어진다. 하지만 그게 전부는 아니다. 니체도, 라캉도, 프로이드도 아닌 나만의 인문학을 하고 싶다. 그리고 나만의 인문학이 많은 이들의 삶에 작은 사색과 위로 그리고 용기가 되기를 바란다. 그 둘 다가 나다. 이제는 그 두 모습의 나를 모두 사랑한다. 그 두 모습의 나를 균형 잡고, 두 모습의 나를 대화시키고, 두 모습 모두 소외되지 않도록, 한 모습이 다른 한 모습을 속이지 않도록, 두 모습 모두 당당할 수 있도록 공부하고 노력하고 소통할 것이다. 먼 길을 돌아왔고 많은 아픔이 있었지만 괜찮다. 그런 나를 이해한다. 언제든 또 휘둘릴 수 있는 것이 나인 것도 이해한다. 나만의 인문학은 아직 먼 이야기다.

하지만 오늘도 나는 지금의 나와 내 삶을 인문학의 시선으로 분석하고 해체해 이해해보려 하고 있다. 더 나은 답을 찾기 위해 인문학을 활용하고 접목시키고 나름대로 재해석하는 이 시간도 의미 있고 유용하다.

내게 의미를 남기는 선택

　　사르트르는 '인생은 B(탄생)와 D(죽음) 사이의 C(선택)이다.'라고 말했다. 확실히 우리의 삶은 탄생과 죽음 사이에 놓인 수많은 선택의 연속이다. 유일하게 선택할 수 없는 것은 탄생과 죽음뿐이다. 우리는 항상 최고의 선택, 만족스러운 선택을 하고 싶어 하지만 시시각각 변화하는 미래를 예측한다는 것은 불가능하다. 어차피 인생에 정답은 없으니 자신만의 기준을 정해 선택을 하면 된다고 말하는 이들도 있지만, 그렇게 간단할 리가 없다. 엇비슷해 보이던 선택지들은 개개인의 삶을 전혀 다른 방향으로 이끈다. 한 치 앞도 보이지 않는 길을 걷는 것은 확실히 두려운 일이다. 하지만 어둡고 무서운 그 길을 긍정할 수 없다면 앞으로 나아갈 수 없다. 따라서 선택에 직면한 인간은 자신이 어떠한 모습으로 존재하는가에 대해 생각해봐야 한다. 사실 대다수 사람은 두려움에 떨고 있는 나약한 인간에 불과하다. 안전한 세계에서 센 척하며 살아가고 있지만, 실은 별 볼 일 없는 사람이 될까 봐 두려워한다. 하지만 조금만 관점을 바꿔보면 지금의 내가 전부는 아니라는 것을 알 수 있다. 익숙한 내 삶의 틈틈이 수많은 잠재된 삶이 존재한다.

《어바웃 타임》의 주인공 팀은 수시로 시간을 돌려 조금이라도 더 나은 삶을 만들고자 노력한다. 그런 아들에게 아버지는 한 가지 조언을 해준다. 하루를 살아낸 다음, 한 번 더 반복해서 살아보라고. 이때 중요한 건 뭔가를 고치려고 해서는 안 된다. 그냥 마치 읽었던 책을 다시 보듯 음미하면서 하루를 바라보는 것이다. 그날은 정말 피곤한 날이었다. 아침을 못 먹어 쫓기듯 편의점에서 음식을 샀고, 재판에 늦어 법원 복도를 뛰어갔으며, 상사는 왜 일을 이런 식으로 하냐고 면박을 줬고, 퇴근길 지하철에선 시끄러운 음악 소리 때문에 고통받았다. 하지만 그날을 한 번 더 살았을 때, 팀은 평범하고 피곤했던 하루의 새로운 면을 발견한다. 편의점에서 나에게 웃어주던 점원의 모습, 매일 보았지만 단 한 번도 느끼지 못했던 법원 건물의 아름다움, 지하철에서 들리던 시끄러운 음악도 별거 아닌 듯 받아들일 수 있는 여유로움까지. 똑같은 하루 속에도 완전히 다른 두 가지 삶이 잠재되어 있었다. 그 순간 팀이 깨달은 건 무엇이었을까? 삶을 살아내는 것과 음미하는 것, 그 두 가지의 미세한 차이를 깨닫지 않았을까.

대부분의 선택은 삶의 큰 흐름을 바꾸는 결정적 순간인 경우가 많지만 내 삶의 질과 품격을 결정하는 일상의 선택도 존재한다. 전자는 삶의 방식과 생각의 틀을 변화시키는 반면 후자는 내 삶에 고유한 리듬과 깊이를 더해 일상을 풍요롭게 한다. 일상의 선택들은 내 존재 자체가 목적이 될 수 있도록 나를 귀하게 여기는 연습이다. 오늘날 많은 사람은 자신의 삶에 만족하지 못한 채 살아간다. 남들이 부러워하는 일을 하고 있어도 충분하지 않다. 좋은 집에서 살고 좋은 직업을 가지고 있더라도 충족되지 못하는 것이다. 그럼 과감하게 모든 걸 포기하고 그만둬야 할까? 그것도 하나의 방법이 될 수 있겠지만, 현실적으로 쉽지 않은 일이다. 이럴 때 이제껏 살아온 삶을 유지한 채, 새로운 결을 발견할 수 있다면 어떨까? 시간여행자가 아니더라도 얼마든지 가능하다. 매일 똑같은 책상에서 하루를 보내더라도 그 속엔 분명 또 다른 잠재된 삶이 존재한다. 물론 삶의 겉모습에는 큰 변화가 없어 보일지도 모른다. 하지만 내면을 자세히 살펴보면 끝없이 변화하는 모습을 찾을 수 있다. 모네는 루앙 대성당의 그림을 여러 번 반복해서 그렸다. 왜 똑같은 대상을 계속해서 그렸을까? 모네는 하나의 대상에서 여러 개의 풍경을 발견했던 것이다. 본질을 깊이 들여다보면 더 많은 것이 보이기에 가능한 일이다.

나에게 잠재된 삶은 선택의 순간에 분화한다. 삶은 수많은 선택과 결과를 받아들이는 과정이다. 사실 어떤 선택도 완전할 수 없고, 내 예상과 정확히 맞아떨어지지도 않는다. 내가 원하는 것과 사회가 인정하는 것 사이에서 방황하기도 한다. 아마도 나의 소망과 사회적 시선 사이에서 자유로운 사람은 그다지 많지 않을 것이다. 안정된 삶은 우리 모두가 간절히 원하는 것이다. 반면 어떤 사람은 누가 뭐라고 해도 남들이 가지 않는 길을 향해 한 걸음 내딛기도 한다. 이때 서로의 다른 선택을 조롱할 이유는 없다. 강요된 선택만 아니라면, 각자의 모든 선택은 어떤 의미를 남긴다. 현명한 사람은 선택을 후회하기보다는 그것이 나에게 남긴 의미를 묻는다. 내 삶을 더 고유하고 아름답게, 더 나은 나를 만들어주었는지 자문하는 것이다.

삶의 무거움과 가벼움은 우리 일상에서 자유와 책임에 관한 질문을 던진다. 어떤 사람은 가족의 행복을 위해 기꺼이 책임을 짊어지고, 또 다른 사람은 자유로운 삶을 위해 세상의 시선과 맞서기도 한다. 사실 생각해보면 하나의 선택이 내 인생 전부를 결정하는 것도 아니다. 내 자신을 스스로 가두지만 않는다면 살아가다 보면 모든 것을 뒤집을 수 있는 더 많은 기회가 주어지기도 한다. 두 선택지의 무게와 가치는 세월의 흐름에 의해 바뀔 수도 있고 오히려 더 진화할 수도 있다.

'안정된 삶과 꿈꾸는 삶 중 무엇을 추구해야 하나요?' 강연에서 가장 많이 받는 질문이다. 그러나 이 질문은 의미가 없다. 이미 낡은 것이 되었기 때문이다. 시시각각 급변하는 세상에서 무엇이 더 안정적인가 묻는 것만큼 무의미한 질문도 없을 것이다. 이제는 필요한 것은 무엇이 나다운 선택이며, 나를 더 나은 사람으로 만드는지, 무엇이 내가 진심으로 납득할 수 있는 선택인지를 스스로에게 묻는 것이다. 대부분은 이미 스스로 답을 알고 있는 경우가 많다. 나 자신을 속이는 선택인지 아닌지는 오로지 내 안에서 확인해볼 수 있다.

가끔은 나다운 선택이 무엇인지 알지만, 두려움에 휩싸여 자신을 소외시키는 선택을 할 때도 있다. 그런 것이 반복되면 나를 잃어버리고 더는 자신을 알고 싶지 않게 된다. 나를 아는 게 오히려 더 불편하기 때문이다. 그렇게 자신은 점점 사라져간다. 그리고 내 안의 텅 빈 공간은 돈, 집, 차, 가족, 타인으로 채워지기 시작한다. 이것마저 없으면 나는 아무것도 아닌 사람처럼 느껴지기 때문이다. 그렇게 알맹이 없는 인생으로 전락한다.

차라리 이럴 때는 잠시 멈추는 것도 괜찮다. 용기 낼 수 있는 순간을 기다리는 것이다. 스스로 납득할 수 있는 선택을 위해 나에게 고독의 시간을 내어준다. 그렇게 내게 잠재된 삶을 만날 기회를 얻는다. 이것이 바로 선택의 본질이 아닐까? 이 본질에 충실한 결정들이 하나둘씩 쌓여갈 때, 나라는 존재가 어떤 인간인지 이해할 수 있는 기회가 주어진다. 나라는 존재를 발견해나가는 선택은 내게 의미를 남긴다.

3

관계, 기쁨의 관계는 변용된다

누군가 이 이야기를 듣는다면 말도 안 되는 일이
라고 비웃을지도 모릅니다. 그런 동화 같은 이야기는 있을 수 없을
거라면서 말이죠. 하지만 이건 동화도 무엇도 아닌 바로 우리 엄마
의 이야기입니다. 엄마가 사랑했던 사람은 늑대 인간이었습니다.

_영화 《늑대 아이》 중

하나는 도쿄에서 꽤 유명한 국립대학을 다니는 여대생이다.
수업료는 장학금으로 어떻게 해결했지만, 생활비가 늘 모자라

아르바이트를 하며 살고 있다. 공부와 아르바이트로 항상 바쁜 그녀는 특별히 가까운 친구도 없이 홀로 약간의 외로움과 함께 지내고 있었다. 그러던 어느 날 학교에서 수업을 듣는 도중 도강을 하는 한 남자를 발견한다. 그녀는 첫눈에 그가 자신과 비슷한 부류라는 것을 알아본다. 외롭게 살아가던 여자는 자신과 비슷한 또 다른 외로운 남자를 만난다. 그리고 둘은 이내 사랑에 빠진다.

여느 사랑 이야기처럼 흘러갈 것 같았던 이야기는 당황스럽게 전개된다. 둘의 사이가 깊어지자 남자는 하나에게 자신의 엄청난 비밀을 밝힌다. 사실 그는 아주 오랜 시간 조심스럽게 숨어 살아온 늑대 인간이다. 그는 그런 자신을 사랑할 수 있느냐고 묻는다. 하지만 하나는 개의치 않았다. 곧 둘은 혼인을 하고 아이를 낳는다. 눈이 오던 어느 날 첫째 딸 유키가 태어나고, 비가 오는 어느 날 둘째 아들 아메가 태어난다. 하지만 둘째가 태어나자마자 아빠는 사고로 죽는다. 늑대 모습을 한 채 하수구에 쓰러져 죽어 있던 남자는 쓰레기차에 실려 버려진다. 이 모습을 바라본 하나는 오열한다. 장례식도 치르지 못한 채 남편을 떠나보낸 것이다. 그렇게 혼자가 된 하나는 홀로 힘들게 아이들을 키우기 시작한다.

반드시 너일 것, 반드시 나일 것

멀리서 보면 평범한 이야기도 가까이에서 보면 정말 특별할 때가 있다. 사실 난 누구보다도 평범한 삶을 살고 있다. 탁월하게 잘생기지도 능력이 특출하지도 않다. 군중 속에 그대로 묻힐 수 있을 만큼의 평범함이 나를 감싸 안고 있다. 그러나 나의 삶에도 비견할 바 없는 특별한 순간이 가득했다. 비 오는 날 밤 놀이터에서 첫 키스를 했을 때, 수많은 별빛 사이에서 춤을 추는 듯 황홀했다. 아들이 태어나던 순간은 마치 온 세상이 정지한 듯 천천히 움직였고, 간호사가 손가락 발가락을 확인시켜줄 때는 그 작은 몸이 핏줄까지 다 보일 만큼 커다랗게 느껴졌다. 이 모든 것들은 나에겐 비견할 수 없는 추억이다. 우리 모두의 삶은 저마다의 특별함으로 가득 차 있다. 다만 기억 저편 어딘가에 감춰져 있을 뿐이다.

영화 《늑대 아이》의 주인공 하나의 삶도 그러하다. 늑대 아이를 키우는 것보다 더 특별한 삶이 존재할까? 늑대 아이는 세상에서 둘도 없는 낯섦과 신비로움을 전해주는 존재이다. 아마 우리의 어머니들도 마찬가지였을 것이다. 그들에게는 아이가 처음 걸음마를 하고 엄마라고 불러주던 모든 순간을 떠올리자면 마치 한 편의 영화처럼 느껴질 것이다. 아직 어렸던 우리와 엄마가 함께한 모든 순간은 더할 나위 없는 신비로움으로 가득 차 있었다. 반면 타인의 시선으로 바라본 엄마의 삶은 평범하게 아이를 키워낸 흔한 이야기에 불과하다. 모두가 그렇게 살아간다고 말하며 대단할 것 없다는 듯 치부될 것이다. 하지만 모든 부모는 안다. 당신에겐 별 볼 일 없는 평범한 이야기일지라도 나에겐 천금같이 빛나던 소중한 순간임을. 그 삶의 특별함은 오직 나만이 이해할 수 있는 순간이다. 이렇듯 인간의 삶은 매 순간 특별함과 거대한 평범함이 혼재되어 있다. 중요한 건 이 모든 것은 아주 우연한 만남에서 시작되었다는 것이다.

누군가를 만나고 관계 맺으며 살아야 한다는 것. 이것은 인간이라면 어쩔 수 없이 받아들여야 하는 일이다. 탄생에서 죽음에 이르기까지 단 한 순간도 관계에서 벗어날 수 없다. 살면서 가지는 대부분의 고민 역시 관계에서 비롯되는 경우가 많다. 이에 사람들은 좋은 사람을 만나길 바라고 불현듯 다가와 인생을 전환시켜줄 기연을 소망한다. 색다른 관계를 통해서 좀 더 나은 삶을 살게 되길 기대하는 것이다. 하지만 모든 관계가 삶의 신비로움을 전해주는 것은 아니다. 우리는 살아가면서 수많은 상처를 경험한다. 만남은 행복을 안기기도 하지만 저주에 가까운 불행을 내리기도 한다. 어쩌면 인간의 삶은 사랑보단 미움으로 더 많이 채워지고 있는지도 모른다. 이에 사람들은 점차 새로운 인간관계를 두려워하고 회피하려 든다. 친구에게 당했던 배신을 떠올리고 연인에게 상처받았던 기억을 되새기며, 너무 심하게 모욕을 주는 직장상사를 바라보며 관계 자체에 회의감을 느끼는 것이다.

언젠가 놀이터 앞 벤치에 앉아 아이들이 노는 것을 구경하고 있었다. 그때 새로 이사를 온 듯한 아이가 쭈뼛거리며 주변을 어슬렁거리기 시작했다. 문득 아이들이 함께 놀면 좋겠다는 생각이 들었지만, 내심 그런 일은 없을 거라 생각했다. 그런데 한 무리의 아이들이 갑자기 홀로 있던 아이를 불렀다. "야! 너 우리랑 놀고 싶지? 우리랑 같이 놀자." 아이들은 원래부터 친했던 사이처럼 신나게 놀기 시작했다. 어른에겐 정말 어려운 저 한마디가 아이들에겐 정말 아무것도 아닌 쉬운 일이었다. 문득 궁금했다. 어릴 땐 저렇게 관계 맺기가 쉬웠는데 왜 지금은 이토록 어려운 걸까? 답은 단순하다. 선입관과 편견 때문이다. 아이들은 아직 마음속에 각인된 고정관념이 없다. 따라서 처음 보는 사람을 있는 그대로 받아들일 수 있다. 하지만 어른들은 그렇지 못하다. 사람을 그 자체로 받아들이지 못한 채 학벌, 직업, 사는 집 등 오만 가지 외적 요소를 통해 판단하려 든다.

"네가 어떻게 나를 배신할 수 있어?" "넌 나를 사랑하긴 했어?" "내가 너한테 어떻게 해줬는데 나한테 이렇게 해?" 부끄럽게도 나는 과거 내 친구, 연인, 가족에게 서슴지 않고 이런 말을 내뱉었다. 그때의 나는 철저하게 자기중심적이었다. 그들의 입장은 전혀 고려하지 않은 채 오직 내가 받은 상처만 내세웠다. 주변인을 내 세계의 부속물로만 바라본 것이다. "나는 내가 주인인 나의 세계를 구성한다." 데카르트가 한 말이다. 이 말은 자신이 중심이 되어 살 수밖에 없는 인간의 숙명을 잘 표현한다. 사람은 '내가' 사랑하는 사람, '내가' 좋아하는 일, '내가' 가지고 싶은 물건까지, 모두 '나'를 중심으로 관계 맺으며 자신만의 세계를 만들어간다. 그 자체로는 나쁜 일이 아니지만, 그 과정에서 타인을 나의 틀로 재단하고 평가하기 시작한다. 결국 관계는 폭력과 억압으로 기울기 일쑤이고, 사람들은 더는 상처받지 않겠다는 듯 스스로 고립되기 시작한다.

정신분석학자이자 성개혁 운동의 선구자인 빌헬름 라이히 Willhelm Reich는 모든 인간은 성격 갑옷을 가지고 있다고 말했다. 성격 갑옷은 어린 시절부터 은연중에 형성되어 온 것으로, 고통과 좌절, 죄책감 등의 강력한 정서적 자극을 피하기 위한 방어기제다. 말 그대로, 더 이상 상처받지 않기 위해 입은 갑옷 같은 것이다.[1] 어쩌면 인간이 살아간다는 것은 약한 자신을 보호하기 위해 더 단단한 껍질을 만들어나가는 과정일지도 모르겠다. 그러나 껍질이 단단해질수록 아픔은 덜 느낄지언정 누군가를 진정으로 만나기는 힘들다. 껍질은 나이와 함께 두터워지고 점점 처음 보는 타인과 마음을 나누는 친구가 되는 것 또한 어려워진다. 오로지 자신을 보호하기 위해 갑옷으로 중무장한 채 고립된 섬처럼 살아갈 뿐이다.

---

1 빌헬름 라이히, 《오르가즘의 기능》, 윤수종 옮김, 그린비

영화《늑대 아이》는 수많은 고립된 인간들을 보여준다. 남편의 죽음 이후, 하나는 도시에서 어렵사리 삶을 지탱해나간다. 세상은 홀로 갓난아이를 키우는 여자에게 호의를 보내지 않는다. 아이들이 밤마다 울고 보챈다며 화를 내는 이웃, 아이들의 늑대 소리에 개를 키운다며 방을 빼라는 집주인, 혼자 아이들을 기르는 여자에 대한 주변의 숙덕거림까지. 하나는 매일같이 무수한 장애물을 넘어야만 한다.

도시에서 살아가는 사람들은 각자 자기 세계만을 지키려고 애쓴다. 하지만 튼튼한 갑옷을 입은 채 고립된 존재가 과연 안전할까? 도리어 갑옷에 갇힌 채 살아가는 인간이야말로 부서지기 쉬운 존재일지도 모른다. "새는 알을 나오려고 투쟁한다. 알은 세계이다. 태어나려는 자는 하나의 세계를 깨트려야 한다. 새는 신에게로 날아간다. 신의 이름은 아프락사스."《데미안》의 닳도록 인용된 한 대목이다. 알은 절대 부서지지 않을 것 같은 단단한 갑옷으로 둘러싸여 있다. 하지만 단단한 갑옷 안에는 마치 물과 같은 너무나도 연약한 존재가 숨겨져 있다. 알의 실체는 연약함이지만 단단한 껍데기는 그런 알의 진짜 모습을 감춰준다. 보통 청소년기의 자아상에 대한 비유로 해석

되지만, 이 비유는 어쩌면 서로를 두려워하며 살아가는 우리의 모습을 더 적확하게 묘사한다.

많은 사람은 자신의 갑옷 안에 갇힌 채 누군가 나를 발견해줄 때까지 외로움에 허덕이며 살아간다. 그러나 막상 찾아온 만남의 가능성은 경계하고 멀리한다. 우리에게 정말 필요한 건 새로운 만남을 기쁘게 맞이할 수 있는 용기가 아닐까? 어쩌면 지금 이 순간, 우리는 삶의 특별함을 경험하고 있을지도 모른다. 조금은 무섭고 버거울지도 모르지만, 그 특별함은 나를 상상조차 못한 세계로 인도해준다. 인간은 알을 깨어야만 새로운 세계를 만날 수 있다. 날것 그대로의 인간을 발견하고 만나 새로운 관계를 빚어나갈 때, 인간은 새로운 존재로 다시 태어날 가능성을 찾을 수 있다. 이를 위해선 먼저 자신의 단단한 갑옷을 스스로 벗어던져야 한다.

《늑대 아이》의 하나는 그런 가능성을 실현한 사람이다. 남자친구가 늑대 인간이라니. 낭만적으로 그린 소설도 많지만, 실제 상황이라면 대개의 사람들은 먼저 황당해하고 그 다음 도망칠 것이다. 비상식적인 존재를 맞닥뜨렸을 때 누구나 두려움에 압도당하기 쉽다. 그러나 하나에게는 남자 친구가 늑대 인간이든 아니든, 그가 그녀에게 어떤 존재인지는 변하지 않았다. 낯선 존재를 있는 그대로 받아들였을 때, 삶은 예기치 못한 방향으로 흘러간다. 조금이라도 행로가 어긋났다면 이루어질 수 없었던 만남이 삶을 새롭게 만들어간다. 가장 평범해 보이는 일상은 신비로운 만남이 있었기에 가능하다. 하나는 타인과의 깊은 관계를 맺어나감으로서 새로운 세계와 만나고 성장한다. 삶의 특별함은 바로 누군가를 통해 경험하게 된 새로운 세계와의 조우를 의미한다. 하나는 그 특별함을 겁내는 대신 선뜻 선택한다.

"무섭지 않아. 당신이니깐."

낯섦이 전해주는 의미

성격이 반사회적이라거나 삐딱한 건 아니다. 그러나 새로운 누군가를 만나는 걸 즐기지는 않는다. 내 이야기다. 그런데 알고 보면 정도의 차이는 있어도 다들 그런 면이 조금씩 있다. 사회적 얼굴을 유지해야 하는 어른들에게 낯선 이를 만나고 대화하고 알아가는 것은 꽤 피곤한 일이기 때문이다. 그래서일까? 어느 순간부터 딱 그만큼의 거리를 유지하는 게 편해졌다. 끊임없이 서로와 부대껴야 하는 사회생활에서 적당한 거리는 서로에게 상처 주지 않을 수 있는 좋은 방법이자 중요한 매너다. 하지만 이 세상 모든 사람과 그만큼의 거리를 두고 살아간다면 어떨까. 바람 불지 않는 땅의 민들레와 같지 않을까. 타인과의 깊은 만남은 모든 것을 바꿔놓을 수 있다. 내 삶 또한 결정적인 굴곡에는 언제나 어떤 한 사람이 존재했다. 그 사람은 친구이거나 연인일 때도 있었지만, 난생처음 보는 사람 때문에 모든 것이 뒤바뀌기도 했다. 짧은 순간일지라도 그만의 다른 세상을 보여주는 타인을 만났을 때 나는 그전의 나라면 하지 않을 선택을 했다.

프랑스의 철학자 임마뉘엘 레비나스는 평생을 두고 타자에 대해 연구했다. 그의 사상은 2차 세계 대전 때문에 성립되었다고 봐도 무방하다. 레비나스는 아우슈비츠에서 가족 모두를 잃었고 전쟁이 끝난 이후 두 번 다시 독일 땅을 밟지 않았다. 그는 왜 자신이 가족을 잃어버려야만 했는지, 그리고 왜 인간은 이토록 타인에게 잔인할 수 있는지 묻고 또 물었다. 오랜 고민 끝에 그가 내놓은 대답이 바로 타자 윤리학이다. 레비나스는 타인이 가지는 진정한 의미를 우리에게 알려준다.

세계 안에서 타인은 그가 입은 옷 자체에 지배되는 대상이다. 우리는 '옷을 입은 존재들les êtres habillés'과 관계한다. 인간은 이미 자신의 옷차림을 기본적으로 돌본다. 그는 거울에 자신을 비추어 보고 또 그 모습을 응시한다. 사회적 관계는 모든 불분명성에다 엄정성의 옷을 입히고 사교성을 부여하는 외관을 보호한다. 우리가 어쩌다 접하게 될 수도 있는 신체의 단순한 벌거벗음은 옷의 보편성을 조금도 뒤바꾸지 못한다. 옷의 보편성 속에서 벌거벗음은 그 의미를 잃는다. 인간 존재는 하나의 형식을 입고 있다. 완벽한 형식으로서의 아름다움은 전형적인 의미에서 형식이다.[2]

레비나스에 의하면 인간이 살아가며 접하는 타인은 크게 두 부류로 나누어진다. 첫째는 익숙한 타자로서 '옷을 입은 존재

---

2 임마뉘엘 레비나스, 《존재에서 존재자로》, 서동욱 옮김, 민음사, p63

les êtres habillés'다. 타인은 낯설고, 그래서 두렵고 의심스러운 존재다. 그들과 관계를 맺는다는 것 자체가 위험부담이다. 그러나 인간은 다른 사람과 관계를 맺지 않고 살아갈 수 없다. 미지의 숲 속에서 오두막을 짓고 살지 않는다면 최소한의 관계는 불가결하다. 이에 사람들은 '옷'을 입기 시작한다. 믿을만하고 신뢰할 수 있는 옷은 의심을 제거하는 데 매우 효과적이다. 당장 낯선 사람을 만났을 때, 그리고 만날 때 우리가 무엇을 가장 먼저 생각하는지 떠올려보자. 아마 자신도 모르게 차림새부터 체크할 것이다. 사회적 코드에 적절한 옷을 입었는가는 최소한의 문턱이다. 여기를 넘어야 다음 단계의 소통이 시작된다. 그러나 레비나스에 의하면 인간이 입은 '옷'은 몸에 걸친 천조각에서 끝나지 않는다.

인간은 그가 입고 있는 '옷'에 지배당한다. 여기서 옷이란 획일적인 이념, 관심, 학력, 경제력 따위를 의미한다. 옷을 입은 인간은 있는 그대로의 자신이 아니라 특정 이데올로기, 사회적 가치에 사로잡힌 존재다. 사람들은 항상 옷이라는 매개를 통해 서로를 만난다. 생각과 취향이 닮은 사람들과 어울리며 살아가는 것이다. 사람들은 단순히 비슷한 옷을 입은 타인을 선호하는 것을 넘어서서, 그렇지 않은 타인과 교류하기 두려워한다. "저 동네 사람들은 너무 질 떨어지지 않아? 저 사람은 너무 수준 떨어져서 같이 어울리기가 좀 그래." 가끔 주변에서 들려오는 이 말은 나와 너는 너무 다를 뿐더러, 너에 대해선 아무것도 알고 싶지도 않다는 의미이다. 하지만 이러한 태도는 인간을 끝없는 외로움에 빠뜨린다. 옷은 한 인간의 본연의 모습을 대변할 수 없다. 옷으로만 나를 드러내고 다른 사람을 재단할 때 우리는 타인과 온전한 관계를 맺지 못한다. 결국, 고립과 단절이 생길 수밖에 없다.

외로운 인간은 누군가를 만나길 원한다. 타인에게서 관심을 받으면 외로움이 사라질 것만 같기 때문이다. 그렇다고 아무나 만날 수는 없기에 최대한 자신과 비슷한 사람을 만난다. 나와 많이 닮은 그들을 통해 잠시의 위안을 얻을지도 모른다. 하지만 천편일률적인 대화를 반복하며 알 수 없는 공허함을 느낀다. 이내 똑같은 자리만 맴도는 것 같은 지루함이 다가온다. 같은 옷을 입은 사람들로만 나를 둘러싼다면 갑옷은 더욱더 두꺼워지고 이해할 수 없는 아픔과 괴로움에 시달리지 않을 수 있을지도 모른다. 하지만 그 안에 갇힌 인간은 고인 물과 같은 사람이 되어버린다. 그런 관계는 서로를 동화시키며 변화를 거부하게 만든다. 그리고 다시 외로움에 빠져든다. 이런 현상을 두고 미다스 콤플렉스라고 부른다. 나의 손이 닿는 모든 것은 그 자체로서 존재하지 못하고 황금으로 변해버리는 것이다. 이것이 바로 갑옷에 갇힌 인간이 감내해야 할 운명이다.

옷을 입지 않은 존재는 그의 존재가 다른 곳에 있는 것처럼, '이면'을 지닌 것처럼, 그리고 '잠옷 사이로 젖가슴이 내비치고 있을 때' 깜짝 놀라는 것처럼 존재한다. 이러한 까닭에 벌거벗음과의 관계는 타인의 이타성에 대한 진정한 체험이다.[3]

두 번째는 낯선 타자로서 '벌거벗은 존재nudité'다. 벌거벗은 존재는 쉽게 이해할 수 없는 의심스러운 사람으로, 모든 맥락에서 벗어나 있는 날것 그대로의 존재이다. 그들은 너무 낯설기에 일단 의심스럽고, 함께하기엔 많이 두려운 그런 사람이다. 다른 한편으로 벌거벗은 존재는 그 사람만의 독특한 특이성 singularité을 의미한다. 생소하고도 신선한 생각이나 행동은 그

---

3 위의 책, p64

사람만이 가진 고유한 단독성이다. 하나는 늑대 인간과 가정을 이루며 어느 곳에서도 볼 수 없었던 가장 낯선 존재와 조우한다. 하나는 늑대 인간이라는 '벌거벗은 존재'를 만난 것이다.

우리 또한 무수한 늑대들 사이에서 살고 있다. 아니 좀 더 정확히 말하자면 수많은 타인을 늑대로 만들어버린다. 우연히 어두운 골목길에서 마주친 사람의 발소리에 공포심을 느끼고, 친절한 미소의 점원이 혹시 나에게 반품된 물건을 준 것은 아닌지 의심하며, 내 아이와 피부색이 다른 아이가 짝이 되었다면 그 가정교육이 어떨지 먼저 걱정한다. 심지어 산뜻한 자극을 구하는 연애에서도 나와 비슷한 옷을 입은 존재를 찾는다.

그런데 세상에는 늑대보다 더 근원적인 낯선 타자가 있다. 일상에서 만나는 벌거벗은 존재는 그냥 피하면 그뿐이지만 이들은 피할 수도 도망갈 수도 없다. 그들은 바로 '아이'다. 내가 낳은 아이는 세상에서 가장 낯선 존재이다. 어떤 성격인지, 무엇을 좋아하는지, 어떤 사람으로 자라게 될지 아무것도 알 수 없다. 차라리 어떤 옷을 입고 있으면 거기에 맞추면 되지만 아이는 벌거벗은 존재이기에 도저히 이해할 수 없다. 평생 만들어온

나의 세계는 아이 앞에서 모든 의미를 상실한다. 나에게 동화시키고 싶어도 동화되지 않는다. 이해할 수 있느냐 없느냐의 차원을 넘어선 존재이다. 이제껏 만나온 그 어떤 타인도 처음 부모가 되어 아이를 만나는 것 같은 낯섦을 전해주진 않는다. 어린아이는 완벽한 백지, 완전한 날것 그대로의 벌거벗은 존재다.

《늑대 아이》는 제목에서 늑대와 아이라는 두 가지의 절대적 낯섦을 합쳐놓았다. 그리고 질문한다. 이토록 낯선 존재와 나는 도대체 어떻게 관계를 맺어야 할까? 그리고 타자를 만나고 그와 관계 맺는다는 것은 어떤 의미를 가지는 것일까?

불가능한 과제의 연속 같은 하나의 삶에서도 느낄 수 있듯 타자와의 관계는 생각할수록 불가능하고 어렵게 느껴진다. 그렇다면 인간은 고립된 채 자신의 영역을 지키며 사는 것이 차라리 현명한 걸까? 그러나 고립된 인간은 자신의 가능성의 대부분을 놓칠 것이다. 인간은 자신을 둘러싼 관계 속에서 늘 새롭게 정의되는 존재이기 때문이다. 세 사람이 모여 A라는 남자에 관해서 이야기한다고 해보자. 첫 번째 사람은 무뚝뚝하고 퉁명스러운 아버지라 말하고, 두 번째 사람은 무능하고 별 볼

일 없는 인간이라고 말하고, 세 번째 사람은 아주 친절한 이웃이자 좋은 선생님이라고 말한다. 누구의 말이 맞는 것일까? 한 사람에게 나타난 세 가지 모습은 관계에 따라서 그 사람의 모습이 완전히 다르게 나타남을 보여준다. 즉 인간은 어떤 관계 속에 있느냐에 따라서 다른 사람이 될 수 있다. 낯선 타인은 바로 이러한 깨달음을 전해주는 존재이다. 나는 상상조차 하지 못했던 잠재된 나를 일깨워주기 때문이다.

아이가 더욱 독특한 존재인 이유는 가장 낯선 타인인 동시에 나 자신이기 때문이다. 흔히 자식을 두고 자신의 분신이라는 표현을 쓰곤 한다. 그만큼 나와 아이 사이에는 어느 정도의 동일성이 존재한다. 하지만 아이는 내 마음대로 기를 수 있는 소유물이 아니다. 아이는 젖먹이일 때조차 온전히 독립된 존재이며 곧 자신의 눈으로 세상을 바라보기 시작한다. 나와 닮은 듯 너무나 다른 아이는 타자와의 진정한 만남이 어떤 것인지에 대해 그 어떤 관계보다 더 깊이 알려준다.

기쁨이 되는 관계

정말 가까운 사람에게서 받는 상처만큼 큰 것도 없을 것이다. 언제부터 알고 지냈는지 기억조차 안날만큼 오랜 친구가 있었다. 당시엔 영원히 함께할 사이라고 생각했었지만, 지금은 어떻게 사는지 전혀 알지 못한다. 관계가 끊겨버린 결정적인 계기는 고등학교 입시였다. 평범한 길을 선택한 친구와 조금은 독특한 길을 선택한 나. 당시엔 내가 하는 일이 좋았고 행복했기에 친구가 응원해줄 거라고 믿었다. 하지만 그는 이야기를 나눌 때마다 내 선택을 비아냥거렸다. 한 3년 정도 같은 소리를 계속 듣다 보니 고민이 생겼다. 나한테 상처 말곤 남는 게 아무것도 없는데 굳이 이 만남을 계속할 이유가 있나? 사실 이런 경험은 누구에게나 있을 것이다. 나에게 상처 주는 사람은 친구일 수도 있고 가족일 수도 있다. 어쩌면 내가 다른 사람에게 일방적으로 상처를 주는 사람일 수도 있다. 그런데 왜 힘든 관계를 굳이 유지하기 위해서 많은 시간을 고민하는 걸까? 그렇게 해야 할 이유가 있을까? 이와 관련하여 스피노자는 재미있는 이야기를 들려준다.

동일한 사물이 동시에 선이고 악일 수 있으며 또한 양자와 무관할 수 있다. 예컨대 음악은 우울한 사람에게는 좋고, 슬픈 사람에게는 나쁘며, 귀머거리에게는 좋지도 나쁘지도 않다.[4]

스피노자에 따르면 사람들 간의 관계에는 긍정적인 면과 부정적인 면이 동시에 존재한다. 서로에게 기쁨을 주는 관계도 있겠지만, 바닥이 없는 슬픔만을 전해줄 수도 있다. 이렇듯 서로에게 기쁨을 주는 관계를 결합적 관계라고 부르고, 서로에게 슬픔을 주는 관계를 해체적 관계라고 부른다. 간단한 예로 요리사가 칼을 들고 좋은 음식을 만든다면 이는 서로 긍정적으로 결합한 관계이다. 하지만 살인마가 칼을 들고 누군가를 살해한다면 이는 서로를 해체하는 관계다. 같은 칼이라도 누구의 손에 쥐어지느냐에 따라서 완전히 달라진다. 따라서 굳이 해체적 관계 때문에 많은 시간을 고민할 이유는 없다. 그런데 오늘날 사람들은 관계 속으로 예속되려는 습관이 있다. 누구를 만나고 무엇을 좋아할지는 오직 나만이 결정할 수 있다. 그런데 해체적 관계임에도 불구하고 타인의 눈치 때문에 예속된 관계

---

4 스피노자, 《에티카》, 강영계 옮김, 서광사, p244

속에 갇혀 살아간다. 마치 그렇게 살아야 하는 것처럼 고정된 틀에 사로잡히는 것이다. 이를 두고 스피노자는 '예속인'이라고 부른다. 예속인은 고정된 틀 안으로 유일무이한 자신을 가둬버린다. 그렇게 나의 삶은 고정된 역할에 갇힌다. 물론 예속된 삶이 적당한 안정감을 줄 수도 있을 것이다. 하지만 그것이 타인을 무시하고 경멸할 만큼 대단한 것은 아니다.

하나 역시 아이들을 키우는 과정에서 수많은 비아냥거림을 경험한다. 사실 엄마 혼자서 아이를 키우는 건 쉽지 않은 일이다. 아이들은 항상 어디로 튈지 모르는 용수철과 같다. 이성적으로 대화해서 제어할 수 있는 존재가 아니다. 더욱이 늑대 아이라면 그 고생은 이루어 말할 수 없을 것이다. 산책하러 나가면 큰 애가 동네 개랑 싸우려 들고 밤만 되면 '아우' 울면서 늑대 소리를 낸다. 동네 주민들은 여자 혼자서 애를 키운다며 이상한 시선으로 바라보며 수군덕거린다. 아이들이 아프면 동물병원에 가야 할지 소아과로 가야 할지 알 수 없다. 누구에게도 물어볼 수 없다. 혹시나 남들 앞에서 늑대로 변할까 싶어 예방접종도 못한다. 급기야 담당 구청에서 아이들 문제로 조사까지 나온다. 한마디로 도시에서 살아가는 게 쉽지 않은 상황이다.

대도시는 하나의 가족에게 끊임없이 괴로움을 안긴다.

하나의 경험은 늑대 아이를 기르지 않아도 부모라면 공통으로 겪는 것이다. 어린 아기들은 거의 매일같이 밤낮으로 운다. 아무리 달래도 소용없다 보니 주변 사람들이 언제까지 참아줄 수 있을까, 학대한다고 의심하지는 않을까 눈치가 보인다. 조금 자라면 어느 날 갑자기 냄비를 꺼내 숟가락으로 두들긴다. 아이는 신이 나도 부모는 누가 언제 초인종을 누를지 몰라 신경이 곤두선다. 그렇다고 바로 뺏자니 울음을 터뜨릴 게 걱정이다. 어떤 날은 이유 없이 밤새 열이 난다. 지금 당장 응급실로 가야 하나? 어떻게 해야 할까? 내 자식이긴 하지만 어떻게 해야 할지 도대체 알 수 없다. 주변 사람들은 너그러움보다는 귀찮아하거나 평가하는 시선으로 아이를 바라본다. 이렇듯 늑대 아이를 키우는 과정은 부모가 평범한 아이를 키우는 것과 크게 다르지 않다. 정답을 알 수도 없고 정답을 말해줄 수 있는 사람도 없다. 그렇다고 다른 사람들이 나의 이런 상황을 이해해줄 거라 기대하기도 어렵다. 내 가족을 해체하는 시선들 앞에서 어떻게 해야 할까? 하나와 아이들은 도시에서 어떻게 살아나갈 수 있을까?

이때 가장 쉬운 선택은 같은 옷을 입으려고 애쓰는 것이다. 사실 타인에게 늑대 아이의 잠재성과 특이성singularité을 이해시키는 것은 무리이다. 큰 관심도 없을뿐더러 굳이 낯선 존재를 이해해야 할 이유도 없다. 도시에는 나름의 규칙이 있기 마련이다. 거기에 적당히 예속되는 것이 도리어 편할 수도 있다. 그들의 시선과 가치에 맞는 옷을 적당히 입고 살아가는 것이다. 차라리 숨길 건 숨긴 채, 내 마음과 태도를 바꾸는 것이 더 나을지도 모른다. 나만 옷을 제대로 갖춰 입으면 모든 문제가 자연스레 해결되기 때문이다. 그러니 하나에게 가장 손쉬운 선택은 아이들을 단속하는 것이다. "늑대 소리 내면 안 돼, 개하고 싸우면 안 돼, 넌 인간이니깐 인간답게 살아야 해." 이렇게 아이들을 끝없이 바꾸고 고치려고 드는 것이다. 하지만 내 마음과 태도만 바꿔 먹는다고 해서 모든 문제가 해결될까? 언제까지 그처럼 지속할 수 있을까?

우리 모두에게는 인간 세상에 온 늑대와 같은 낯선 특이성이 잠재되어 있다. 영화 속 아이들에겐 늑대와 인간이라는 두 가지 잠재성이 존재한다. 다만 어떤 모습으로 살아야 할지 잘 몰라 헤맨다. 이때 중요한 건 어떤 인생을 살아갈지 선택할 수 있는 건 오직 아이들 자신뿐이라는 점이다. 만약 부모가 인간으로 살라고 강요한다면 그 순간 늑대의 삶은 박탈당한다. 이는 서로를 예속하고 억압시키는 관계에 지나지 않는다. 너를 위한답시고 상대를 구속하는 관계는 서로에게 상처만을 남길 뿐이다.

하나는 누구도 대신해줄 수 없는, 누구와도 상의할 수 없는 혼자만의 고민에 빠진다. 그녀는 잠자는 아이들을 가만히 바라보며 생각한다. "난 어쩌다 이렇게 되어버렸을까? 도대체 이 아이들은 어떤 애들일까? 더는 늑대로 변하지 말고 인간으로 살자고 말해야 할까? 하지만 이 아이들은 늑대인걸. 난 어떻게 해야 하지?" 아이들이 잠자는 모습을 물끄러미 바라보는 장면은 그녀가 느끼는 고독의 깊이를 잘 보여준다. 하나의 가족 앞에는 두 가지 선택지가 주어졌다. 모든 것을 감내한 채 도시에 억지로 적응을 하든가, 아니면 스스로 능동적으로 다른 길을 찾아나서야 했다. 이 가족의 선택은 후자였다. 부모라고 해서 아이들에게 특정한 삶을 강요할 수는 없다. 하나는 넓은 공터에서 뛰어노는 아이들을 바라보며 말한다. "얘들아 앞으로 어떡하고 싶어? 인간으로 살래, 늑대로 살래? 우리 멀리 이사 가

자. 어떻게 살지 선택할 수 있도록." 그녀는 시골로 이사를 결심한다. 아이들이 자신의 삶을 선택할 수 있도록 관계의 망을 바꾼 것이다. 고통만을 전해주던 관계의 망에서 벗어나 새로운 선택을 할 수 있는 곳으로 옮겨가는 것. 이것은 큰 용기가 필요한 일이다.

스피노자는 나에게 기쁨을 주는 관계를 추구하라고 말한다.[5] 누군가를 끝없이 만나며 살아가는 것이 인간의 기본적인 삶의 모습이다. 그렇다면 굳이 고통스러운 관계를 계속 유지해야 할 이유가 있을까? 예를 들어 항상 짜증을 내고 남을 욕하는 사람이 있다고 해보자. 이런 사람은 만날 때마다 함께 무기력해진다. 같이 있으면 나도 짜증이 나고 우울해진다. 반면 굉장히 창조적이고 독특한 생각을 하는 사람이 있다고 해보자. 그와 함께하면 기쁨의 감정이 샘솟기에 창조적이고 특이한 생각이 떠오른다. 이는 그와의 관계가 나에게 기쁨의 감정을 전해주기 때문이다. 이렇듯 인간은 어떤 관계 속에서 살아가느냐

---

5 기쁨의 관계를 추구하는 방법은 여러 가지가 있을 것이다. 부정적인 타인을 완전히 떠나버릴 수도 있을 것이고, 아니면 관계의 성격을 다르게 만들어 능동적으로 이끌어갈 수도 있다.

에 따라서 완전히 다른 존재가 될 수 있다. 그런데 굳이 우울한 관계에 사로잡힌 채 고통스럽게 살 이유가 있을까? 그러나 때로 변화는 고통보다도 두렵게 다가온다.

하나는 분명 도시에서 힘든 삶을 경험한다. 하지만 그 안에서 자신과 아이들의 고유한 단독성을 발견한다. 이제 그녀에게 필요한 건 새로운 관계로 나아갈 수 있는 약간의 용기이다. 물론 시골에서 정착하는 일이 쉬운 것은 아니다. 하지만 하나는 조금씩 용기를 내어 마을 사람들에게 다가서고 이내 시골에 완전히 정착한다. 그녀는 새로운 관계 속에서 충만한 삶과 행복을 발견한다. 영화는 하나 가족이 느끼는 자유로움과 커다란 행복을 드넓은 눈밭을 뛰어노는 장면으로 표현한다. 어느 겨울 아침에 눈을 떠보니 온 세상이 눈으로 뒤덮여 있다. 하나는 아이들과 함께 두껍게 쌓인 눈 속으로 뛰어든다. 아이들과 함께 눈길을 뛰고 넘어지며 큰소리로 웃는다. 스스로 선택한 자유가 주는 기쁨을 표현하는 것이다. 그때 인간은 자신조차도 몰랐던 독특한 자기를 만난다. 그리고 새로운 인간으로 변용될 기회를 얻는다.

변용된 인간

　　어느덧 아이들은 초등학교에 입학할 나이가
된다. 이제 가족의 울타리에서 벗어나 새로운 사람들을 만나
야 할 시점이 된 것이다. 이 시점부터 영화 《늑대 아이》는 새로
운 국면으로 나아간다. 전반부가 하나의 가족을 둘러싼 관계
의 이야기였다면 후반부는 아이들과 세상의 관계 맺기가 시작
된다. 두 아이는 학교라는 생소한 환경 아래에 놓인다. 이제껏
엄마와 함께 살아왔다면 이제는 낯모르는 친구와 선생님을 만
나야 한다. 완전히 낯설고 새로운 세상을 경험하는 것이다.

　　하지만 새로운 세상은 두 아이에게 똑같은 의미로 다가오
지 않는다. 먼저 누나 유키가 학교에 입학하고 다양한 친구들
을 만난다. 친구들은 꽃이나 인형을 좋아하는데 자기는 뱀이나
말린 동물 뼈 같은 걸 좋아하다 보니 나름 심각한 고민에 빠지
기도 한다. 뒤이어 남동생도 학교에 입학한다. 그런데 좌충우
돌하면서도 적응한 누나와 달리 동생은 학교생활에 영 익숙해
지지 못한다. 친구들과 잘 어울리지 못하고 수업도 재미가 없
다. 그러다 동생은 학교에 가는 대신 산으로 올라가기 시작한

다. 산의 주인인 여우 선생님을 만나 산에서의 생존법을 배운다. 새로운 관계의 망이 각자에게 다르게 작용하여 삶의 행로가 갈라진 것이다.

자신이 속한 관계의 망에 따라서 삶이 조금씩 변화해 나가는 것을 '변용affectio'이라고 부른다. 예를 들어 기분 좋은 봄날, 신나는 음악을 듣게 되면 유쾌한 감정이 생긴다. 이것은 음악이 우리 신체에 자극을 가해 생긴 변용이다. 반면 영화 속에서 무서운 장면을 보면 극도의 공포를 느낀다. 이는 영화가 우리의 신체에 자극을 가해 생긴 변용이다. 사랑하는 사람이 생기면 나에게 큰 변화가 생긴다. 이 또한 그 사람으로 인해 생긴 변용이다. 쉽게 말해 낯선 사람, 새로운 사물, 동물 등을 만날 때마다 서로가 서로에게 영향을 주고받는다. 그때마다 발생한 감정의 흐름이 인간을 변용시킨다. 따라서 새로운 외부와 만나고 접촉하는 것이 대단히 중요하다. 새로운 관계가 나에게 기쁨을 전해준다면 나의 능력은 증대될 것이지만, 우울함을 전해준다면 나의 능력은 감소할 것이다. 이처럼 인간이 가지는 변용 능력은 관계의 망에 따라서 달라진다.

그런데 만약 그 어떤 새로운 만남도 거부한다면 인간은 변용될 수 없다. 가끔 어느 한 지점에 닻을 내려 고착되어버린 사람들을 만날 수 있다. 다른 곳으로 흐르지 못하고 한자리에 고정된 것이다. 오늘날에는 어딘가에 고착된 채 살아가는 사람들이 너무나도 많다. 대학 이외에는 아무것도 생각할 수 없는 아이들, 공무원 이외에는 그 어떤 선택지도 알지 못하는 취준생들, 무거운 책임감에 억눌린 채 변용 능력 자체를 상실해버린 가장들. 어쩌면 헬조선이란 말은 단편적인 선택지만을 갖고 똑같은 모습으로 살아가는 사람들의 슬픈 자조일지도 모르겠다. 오늘도 내일도 내 인생은 변하지 않을 것이라는 생각은 자신이 변용할 수 있는 존재라는 사실을 잊게 하며 유연하게 타인과 새로운 관계를 맺을 수 있는 능력을 상실하게 만든다. 그럼 어떻게 해야 고착과 예속에서 벗어나 자유로운 존재가 될 수 있을까? 그것은 관계 그 자체에서 찾을 수 있다.

새로운 관계의 망은 자신이 진정으로 원하는 게 무엇인지 알려주는 역할을 한다. 나도 몰랐던 새로운 모습이나, 과거엔 상상조차 하기 힘들었던 새로운 욕망을 깨닫는 것이다. 아이들은 학교라는 거대한 관계 속으로 들어가 진정 자신이 원하는 것을 알게 된다. 아이들은 인간도 되고 싶고 늑대도 되고 싶은 고민에 빠져 있다. 다만 어느 쪽을 더 간절히 원하는지 모른다. 하지만 자신도 모르는 사이 더 큰 욕망이 삶의 방향을 결정한다. 아이들은 학교에서 다양한 타인을 만나고 부딪히며 살아간다. 아이들이 가진 잠재성은 삶을 함께 보내고 싶은 사람에 따라 다르게 발현된다. 그 과정에서 자신이 더 간절히 원하는 것을 발견한다. 그때 아이들은 더 이상 남의 눈치를 보지 않는다. 오직 내가 진정으로 원하는 것을 따라 자신의 삶을 능동적으로 만들어간다. 이때의 욕망은 자유 그 자체이다. 자신의 진짜 욕망은 인간을 자유롭게 만들어준다.

변용은 그 사람의 욕망과 밀접한 관계가 있다. 그리고 새로운 관계는 나조차도 알지 못하던 새로운 욕망을 발견하게 도와준다. 인간을 비롯한 모든 사물에는 자기 존재를 유지하려는 경향이 있다. 이를 두고 스피노자는 '코나투스konatus', 즉 자기보존 욕구라고 말한다.[6] 인간에게 있어 코나투스는 욕망 그

---

6 동물의 왕국에서 치타가 새끼 임팔라를 사냥하는 장면을 생각해 보자. 치타는 임팔라를 잡아먹기 위해 몰래 다가선다. 임팔라도 속도가 제법 빠르므로 최대한 가깝게 다가서야 한다. 하지만 임팔라는

자체이다. 좋은 옷을 입고 싶고, 사랑하는 사람과 함께하기를 원하고, 간절히 원하는 일을 하고 싶은 이 모든 것이 바로 욕망이다. 욕망이 없는 인간은 어쩌면 시체에 불과할지도 모르겠다. 스피노자는 모든 사물은 욕망의 대상이 될 수 있다고 말한다. 욕망의 대상이 될 수 있는 것은 실로 무한에 가깝다. 이러한 욕망은 나에게 기쁨을 줄 수도 있고 슬픔을 줄 수도 있다. 관계 또한 예외가 아니다. 어떤 관계가 코나투스를 증대시키는 방향으로 작용한다면 나에게 기쁨의 욕망이 생기는 것이고, 반대로 코나투스를 감소시킨다면 그냥 의기소침해질 뿐이다.

코나투스는 실로 무한에 가까울 만큼 다양한 모습으로 나타난다. 예를 들어 어떤 사람은 책을 보고 공부를 해야 행복하지만 어떤 사람은 음악을 할 때 살아 있음을 느낀다. 욕망은 옳고 그름의 문제가 아니다. 이것은 오직 자신이 원하는 삶을 만나느냐 못 만나느냐의 문제일 뿐이다. 이에 스피노자는 말한다. 노예(예속인)는 자신이 알지 못하고 원치 않는 것을 행하지

이내 치타의 접근을 눈치채고 도망친다. 이때 몰래 다가서는 치타의 행동이나 잡아먹히지 않기 위해 도망치는 임팔라의 행동 모두가 코나투스의 작용이다. 오직 자기 자신을 보존하기 위한 행동이다.

만, 자유인은 자기 이외의 어떤 사람도 따르지 않고 그가 인생에서 가장 중요하다고 인식하는 것, 가장 많이 욕망하는 것을 행한다.[7] 그리고 좋은 관계는 내가 진정으로 원하는 것이 무엇인지 알려준다. 확실한 자기 욕망을 알게 된 사람은 거기에 맞는 변용을 일으킨다.

먼저 유키는 인간의 삶을 선택한다. 불쌍한 엄마를 위해서 인간의 삶을 선택한 것은 아니었다. 그녀는 학교에서 많은 친구를 사귀고 좋아하는 남자도 생긴다. 물론 그 과정에서 힘든 순간들도 많았지만, 그 관계가 주는 기쁨이 유키를 더할 나위 없이 행복하게 해주었다. 새로운 관계가 나를 기쁘게 해준다면 누가 뭐라고 하든 그것은 좋은 것이다. 그렇게 그녀는 인간으로 변용된다. 하지만 아메에게 학교생활은 너무나도 힘들고 고통스러울 뿐이다. 아마 가족과 함께 지낼 때는 언제든 늑대로 또 인간으로 변할 수 있었기 때문에 무엇이 더 자연스러운지 몰랐을 것이다. 그런데 학교에 가게 되자 자신은 인간의 삶을 원치 않는다는 것을 분명히 깨닫게 된다. 집에서 엄마와 함께 평생을 보냈

---

7 스피노자, 《에티카》, 강영계 옮김, 서광사, p308

다면 어쩌면 끝까지 알지 못했을 것이다. 새로운 깨달음은 새로운 관계가 그에게 준 선물이다.

자신이 진정으로 원하는 것을 깨달았음에도 불구하고 억지로 다른 삶을 선택한다면 그보다 불행한 것도 없을 것이다. 그러한 삶은 아메의 코나투스를 감소시킬 뿐이다. 그럼 원하는 대로 늑대의 삶을 선택하면 될까? 사실 늑대의 삶을 선택하는 것도 대단히 어려운 일이다. 평생을 엄마 품에서 인간으로 살아온 아메가 산에 가서 홀로 늑대로 살아갈 수 있을까? 아직 그에게는 늑대의 삶을 선택할 수 있는 역량이 없다. 역량이 부족하기에 자신의 간절한 소망을 실현할 수 없다. 더불어 학교는 늑대로 살아갈 수 있는 역량을 키워줄 수 없다. 그럼 어떻게 해야 할까? 그냥 포기해야 할까? 흥미로운 건 능력이 없음을 깨닫게 되자, 그의 욕망은 더욱더 간절해졌다는 점이다. 너무나도 간절히 원하기에 스스로 새로운 길을 찾기 시작한다. 아메는 야생에서 살기에는 부족한 자신의 역량을 키우기 위해 여우 선생님을 만난다. 마치 하나가 도시를 떠나 시골로 이사를 오듯, 그는 학교를 벗어나 산이라는 새로운 관계의 망으로 나아간다. 아메는 조금씩 불가능이 아닌 가능으로 자신의 역량을 만들어나간다. 그 과정에서 그는 더할 나위 없이 큰 삶의 기쁨을 느낀다. 이 기쁨은 그의 코나투스를 증가시켰고 그렇게 아메는 늑대로 변용된다.

우리는 수많은 사람을 만나며 살아간다. 그 과정에서 상처받고 나 자신을 잃어버리기도 한다. 하지만 새로운 만남을 두려워하지 않은 채 나아갈 수 있다면 새로운 나 자신을 만날 수 있는 계기가 될 수 있다. 낯설지만 진심어린 만남은 내가 생각지도 못한 또 다른 세계를 경험하게 해준다. 내 가슴 속에 숨겨져 있던 북을 울려 나답게 살도록 용기를 준다. 꼭 그것이 대단한 것일 필요는 없다. 아주 사소한 것이라도 새로운 나를 발견하게 하고 변화시켜주는 관계는 자신을 행복하게 만들어준다. 그것이 관계의 본질이며 진정한 관계의 기쁨이다.

4

가족, 내 가면의 핑계

아들아, 오늘이 바로 우리가 멈추는 날이란다.

우리가 떠나는 날. 네 누나는 방금 떠났어. 네 누나의 머리에 베개를 받쳐주는데 눈물이 흐르더구나. 어쩜 그리도 예쁜지. 손이 떨리는 바람에 간신히 방아쇠를 당겼는데, 반동이 엄청나더구나. 네 누나는 분명 고통스럽지 않았을 거야. 고통스럽지 않아. 정말 순식간에 지나가니까. 순식간에. 난 슬프지 않단다. 이제 곧 이 고통이 끝날 거라는 사실을 아는데 슬퍼할 이유가 없잖니. 다시는 고통스럽지 않을 텐데. 네가 오늘 즐거웠기를 바란다. 참 멋진 하루였어. 우리 인생에서 가장 멋진 날이었던 것 같구나 너희 둘이 태어났던 날보다도 더. 정말 근사한 하루였어. 이런 날을 보내고 난 뒤에는 후회가 없겠지. 잘 있어라. 사랑한다. 아들아, 하늘에서 내리는 비는 이 아비의 깊은 슬픔이란다.[1]

끝없이 사랑받고 있다는 믿음, 그것만큼 사람을 빛나게 해주는 것도 없을 것이다. 누군가를 사랑하고 또 누군가의 사랑을 받는다는 것은 실로 마법과 같은 일이다. 문제는 이 신비로운 마법은 너무나 흔하게 다가왔다가, 온지도 모른 채 사라진다는 것이다. 프랑스 소설가 그레구아르 들라쿠르의 작품《행복만을 보았다》는 오직 행복만을 바랐던 슬픈 가족의 이야기를 담고 있다. 아이들에게 평생 못 잊을 행복한 하루를 선물한 이후 동반 자살을 시도한 아버지. 왜 자신을 먼저 쏜 것인지 이유를 알고 싶은 딸. 그런 아버지를 저주하는 아들. 그들은 평범하기 이를 데 없는 한 가족이었다. 그런데 어쩌다 이토록 극단적인 방향으로 흘러가게 된 것일까?

---

1 그레구아르 들라쿠르,《행복만을 보았다》, 이선민 옮김, 문학테라피, p138~139

우아한 거짓말

우리가 슬플 때는 절대로 날 위로해줄 만한 사람들을 향해 고개 돌리지 않는다는 걸 알아. 그래서 우리는 더 슬퍼지지. 부모님이 서로를 사랑해서 내가 이 세상에 태어났다고 믿고 있다가, 어느 날 부모님이 나와 함께 있는 걸 썩 바라지 않을 수도 있다는 생각을 하게 될 때가 있지. 어른이 된다는 건 우리가 생각만큼 사랑받지 못하고 있다는 사실을 깨닫는 것이란다. 힘겨운 일이지.[2]

앙투안은 끝없는 외로움과 함께 자랐다. 아버지는 비겁하고 어머니는 매정하며, 서로를 사랑하지도 않는다. 그러던 어느 날 쌍둥이 여동생 중 한 명이 죽게 되고, 어머니는 떠나버린다. 남은 건 무뚝뚝한 아버지와 말을 잘 못하는 나머지 여동생뿐이다. 앙투안은 아버지와 대화를 나눈 적이 거의 없다. 한번은 아버지에게 비는 왜 내리느냐고 물은 적이 있었다. 그 순간 앙투안이 원했던 건 작은 관심과 소소한 대화였다. 하지만 아버지

---

2 위의 책, p59~60

는 쓸데없는 소리 하지 말라며 대답해주지 않았다. 머릿속이 너무 복잡해서였을까? 아니면 앙투안의 질문이 귀찮아서였을까? 정확한 이유를 알 순 없지만, 앙투안은 먼 훗날 자기가 아버지가 된다면 자신의 아이에게 조금은 특별한 대답을 해주기로 결심한다.

성인이 된 앙투안은 우연히 옷가게에서 만난 여성과 결혼을 하고 딸 조세핀과 아들 레옹을 낳는다. 그는 멋진 아버지가 되고 싶었지만 삶은 생각과 다르게 흘러간다. 직장에선 해고되었고, 부인은 바람을 피우고 있으며, 아들은 왜 비가 오는지 물어봐주지 않는다. 앙투안은 가족들이 자신을 사랑하지 않는다고 생각한다. 최선을 다해 화목한 가정을 만들고 싶었지만 도리어 가족들은 자신을 떠나려고 한다. 행복이라는 단순한 소망에 그는 좀처럼 다가갈 수 없다. 이런 현실에 감당하기 어려운 절망감을 느낀 그는 아이들에게 최고의 하루를 선물한다. 그리고 아이들을 다 죽인 후 자신도 자살하려 하지만, 그의 계획은 실패한다.

조세핀은 자신은 평범하지 못하다고 생각한다. 평범한 사람은 누군가에게 사랑받는 존재인데 자신은 사랑받지 못했기 때문이다. 하지만 그녀에게도 행복한 순간이 있었다. 그날은 완벽한 날이었다. 집에서 아빠와 함께 온몸이 땀범벅이 되도록 춤을 추고, 식사 준비도 함께 했다. 남동생과 학교생활에 대해 수다를 떨었고, 앞으로의 꿈도 이야기했다. 평범하게 행복해서 더할 나위 없이 완벽했던 그날, 앙투안은 잠든 딸의 얼굴에 총을 쐈다. 하지만 반동 덕에 총알은 빗나가 조세핀은 턱을 심하게 다친다. 살아난 조세핀은 아빠에 대한 증오심과 함께 한 가지 질문을 품는다. "왜 당신은 날 먼저 쏘았나요?"

앙투안이 자란 가족은 행복을 연기하고 있지만 단 한 번도 괜찮은 적 없었던, 거짓말에 사로잡혀 사는 가족이다. 바깥에선 한없이 다정하지만 가족과는 대화가 없는 아버지, 사랑에 굶주리느니 금욕을 선택해버린 어머니, 아버지와 어머니는 서로를 사랑하지 않으며, 아무리 애원해도 자신을 돌아봐주지 않을 거란 걸 알게 된 아이까지. 이들의 모습은 더 근본적인 질문을 던지게 한다. 난 가족에 대해서 얼마만큼 알고 있을까? 아빠가 정말 가지고 싶은 것은 무엇이었을까? 엄마는 그 삶에 만족했을까? 내 아이들이 정말로 하고 싶어 하는 일은 무엇일까? 우리 가족은 서로 사랑하긴 할까? 확신을 갖고 대답할 사람을 도무지 찾기 어려운, 너무 깊이 들어가기조차 두려운 질문들이다. 다만 대다수가 자신을 속이며 주어진 역할을 대강 연기할 뿐이다. 남들도 그렇게 살아가고 있다고 위안하는지도 모른다.

정신분석학자 칼 융은 인간의 외적 인격으로서 '페르소나 Persona'에 관해서 이야기한다. 페르소나는 고대 그리스의 연극에서 배우들이 쓰던 가면을 말한다. 왕의 가면을 쓴 채 연기를 하면 왕이 되고 신하의 가면을 쓰면 신하가 된다. 무엇이 되었건 상황에 따라서 가면을 바꿔 쓰고 그 역할을 연기한다. 그런데 인간의 삶도 연극과 비슷한 면이 있다. 사람은 사회 속에서 다양한 가면을 쓴 채 살아간다. 누구를 만나느냐, 어떠한 상황이냐에 따라서 얼마든지 다른 인격을 연기할 수 있다.[3] 그런데

3　페르소나가 가진 일차적 기능은 바로 사회적 인간의 확립이다. 예컨대 학교 선생님이 아이들을 성추행했다는 기사를 보게 되면 대다수 사람은 충격을 받곤 한다. "어떻게 선생님이 그럴 수 있어?"라고 말하는데, 이는 사회적 지위에 걸맞은 행동 양식에 대한 기대가 존재함을 의미한다. 즉 선생은 선생답게, 요리사는 요리사답게, 부모는 부모답게 행동해야 하는 나름의 규정을 의미하며, 사람은 사회가 요구하는 도리, 역할, 의무, 도덕 규범 따위에 맞게 행동해야 한다. 페

가장 가까운 관계이어야 할 가족 관계에서조차 페르소나가 두드러질 때 우리는 깊은 내적 모순에 시달리게 된다. 진짜 내 모습은 철저하게 숨겨버린 채, 적당히 보여주고 싶은 모습만을 연기하며 산다. 가족은 가장 작은 단위의 사회이니 전적으로 진실하게 소통할 것이라는 생각이 오히려 망상인지도 모른다. 도리어 그 안에는 더욱 기묘한 페르소나들이 난무하기 십상이다. 앙투안이 만든 가족이 바로 그런 가족이다. 자식에게 총구를 들이댄 앙투안은 한편으론 오로지 가족과의 행복을 추구하는 자상한 아버지였지만 다른 한편으론 자식을 죽이려고 한 살인마이다. 그렇다면 무엇이 그의 진짜 모습일까? 앙투안은 자신에게 쓰인 가면의 실체를 제대로 이해하고 있을까? 가족 안에는 수많은 거짓말이 담겨 있다. 너도 내 마음 같을 거라는 생각과 그래야만 한다는 믿음 속에는 관계의 비틀림이 숨겨져 있다. 어쩔 수 없다는 생각에 진심을 숨기고, 이미 잘 알고 있

르소나는 국가마다 문명권마다 조금씩 다르게 나타나기도 한다. 예컨대 한국에선 지하철에서 노인에게 자리를 양보해주는 것을 올바른 미풍양속으로 여겨진다. 반면 비켜줄 이유가 전혀 없는 나라도 많다. 이렇듯 인간은 다양한 페르소나를 배우고 익히며 살아간다. 쉽게 말해 한 개인이 세상과 원활한 관계를 맺으며 살아갈 수 있게 해주는 것이다.

을 거라는 마음에 겉으로 다른 행동을 한다. 보고 싶은 것만 보고 믿고 싶은 것만 믿는 관계가 그럴듯한 가면의 모습으로 드러나는 것이다. 하지만 가면은 결단코 진실한 내면을 보여주지 않는다. 서로가 가면만을 바라본 채 행복을 가장하고 있을 뿐이다.

아들과의 갈등으로 고통받고 있는 여성분의 이야기를 해볼까 한다. "선생님, 우리 집 문제를 좀 이야기했으면 해요. 저한텐 아들이 하나 있는데 최근 들어 사이가 극도로 안 좋아졌어요. 명문 대학을 졸업하고 지방으로 취직했는데 거기서 결혼할 여자를 데리고 온 거예요. 근데 결혼 준비를 하는 과정에서 그쪽 집안이랑 좀 트러블이 생겼어요. 아들은 자기를 믿어달라고 자기가 해결할 수 있다고 했지만, 전 도저히 이해가 안 가는 거예요. 도대체 내 아들이 뭐가 모자라서 저런 애랑 이렇게까지 결혼을 하려는 건지. 그래서 결혼을 반대했어요. 그랬더니 '엄마는 나를 단 한 번도 믿어준 적이 없어!'라고 불같이 화를 내더니 몇 달째 연락을 끊고 있어요. 전 정말 이해가 안 가는 게 예전엔 정말 착한 아들이었거든요. 제가 시키는 대로 다 하던 정말 착한 아들이었는데 갑자기 왜 이렇게 돼버린 건지 모르겠어요."

이 이야기의 흥미로운 점은 우리 아들은 원래 그런 애가 아니었다는 생각이다. 정말 부모 말 잘 듣는 착한 아들이었는데 왜 갑자기 저러는지 도저히 이해가 안 간다고 했다. 이 여성분은 자식에 대한 확고한 믿음을 가지고 있었다. 엄마는 아들을 위해 완벽한 삶을 제시했고 아들은 엄마를 위해 한 치의 오차도 없이 그 길을 걸어왔다. 그런 아들은 자신의 자랑이었고, 평생 함께한 아들이기에 자신만큼 잘 아는 사람은 없다고 믿었다. 하지만 그는 도리어 자기 아들을 지독하게 모른다. 아들에게 착한 아이 가면을 씌우고, 그 속에 들어 있는 진짜 모습에 대해서는 별 관심을 기울이지 않았던 것이다. 서른이 넘은 아들이 숨겨져 있던 자신의 마음을 그대로 드러내자 그 모습에 크게 당황한다. 엄마가 요구하는 틀에 맞춰 살며 순종으로 일관하다가 엄마와 연락을 끊어버린 아들이 진정으로 원했던 건 무엇이었을까? 어쩌면 왜 비가 오는지에 대해 이야기 나눌 수 있는 부모가 아니었을까?

자신이 문제를 해결할 수 있다고 간곡히 말했던 순간, 아들은 처음으로 진정한 자신을 내보였다고 볼 수 있다. 당신이 시키는 대로만 하던 어린아이가 아닌, 중요한 문제를 스스로 선택하고 해결할 수 있다는 자신감을 표현한 것이다. 비록 어린 시절 왜 비가 오는지에 대해서 대화한 적은 없지만, 성인이 된 지금 부모님께 진정한 어른으로 인정받고, 진지한 삶의 문제를 나누고 싶었을 것이다. 하지만 그의 소망은 거절당한다. 그 이유는 부모의 체면 때문이었다. 집안 문제라고 말했지만 두 집안의 갈등은 돈을 앞세운 자존심 싸움이 핵심이었고, 이 앞에서 아이들의 사랑은 조금도 고려되지 않았다. 서로가 가면을 쓴 채 더 우월한 지위를 확인하고 싶었을 뿐이다. 부모에게 진정한 자기 자신을 처음으로 내보이자마자 거절당한 상실감은 어떤 것이었을까. 그 이후로 그는 부모와 인연을 끊어버리기에 이른다. 어머니는 이런 아들의 모습에 찢어질 듯 마음 아파하면서도, 여전히 무슨 일이 일어난 것인지 깨닫지 못한다. 행복했던 우리 가족이 왜 이렇게 돼버린 건지 이해하지 못한다. 하지만 그 가정은 행복했던 적이 없었다. 그녀의 평온은 우아한 거짓 위에 지어진 허상이었다.

답정너

"아버지는 어차피 내가 무슨 말을 하든지 마음에 안 들 것 아닙니까?"

2014년 겨울 어느 날 상당히 충격적인 기사가 신문에 실렸다. 가족과 대화를 나누던 한 중학생 아이가 가족이 보는 앞에서 아파트 베란다로 뛰어내려 자살한 것이다. 지방에서 교사로 재직하고 있던 아버지는 주말마다 집으로 돌아왔다. 그날따라 아버지는 가족들과 대화해야겠다는 생각에 꽂힌다. 이에 열린 가족회의는 '우리 가족은 행복한가?'라는 피상적이고도 무던한 질문으로 시작되지만 어쩐지 대화는 점점 막내아들의 성적을 문제 삼는 방향으로 흐른다. 아버지는 결국 "너만 공부 잘하면 우리 가족 모두가 행복할 텐데…"라고 말했고, 아들은 "그럼 나만 없어지면 행복하시겠네요."라는 말을 남긴 채 자리를 박차고 나가 투신해버렸다. 결말은 극단적이지만 부모와 자식 간의 비슷한 갈등은 드물지 않다. 이 주제로 강연을 할 때면 그때마다 수많은 사람들이 나를 찾아와서 비슷한 고민을 털어놓았다. "선생님 우리 애도 자기만 없어지면 다들 행복해지겠네라고 말해요. 저는 그냥 공부 좀 열심히 하라고 말했을 뿐인데 애들이 너무 극단적으로 나와요. 근데 선생님이 들려준 이야기에서 애가 자살했잖아요. 그럼 전 어떻게 해야 하나요?"

어떻게 하면 이 문제를 해결할 수 있을까? 길은 여전히 대화에 있다. 다만 피상적이거나 일방적인 대화가 아니라, 진짜 소통이 이루어져야 한다. 하지만 진심이 교류하는 대화가 오가는 가정은 흔치 않다. 되레 대부분의 가정에서 아버지가 퇴근하고 집에 돌아오면 아이들은 자기 방문을 굳게 닫은 채 나오지 않는다. 이야기라도 나누어보려고 방문을 열면 아이들은 불같이 화를 내거나 입을 꾹 다문다. 대화로 문제를 해결하라고 하지만, 대화 자체가 좀처럼 어려운 것이다. 가끔 어떤 분들은 "우리 가족은 너무 행복해요. 너무 대화가 잘 통하고 제 이야기를 잘 들어주거든요."라고 말하기도 하지만, 그것조차 그 가정의 진짜 현실이 아닐 때가 많다. 이심전심으로 말이 잘 통하는 게 아니라 누군가가 참고 있고, 그 사람은 속이 썩어 문드러져 가고 있는 것이다.

또 다른 가족의 이야기를 해볼까 한다. 아버지는 아들에게 불만이 턱 끝까지 차오른 상태다. 자기 뜻대로 살아주지 않는 아들을 쓸모없는 인간 취급하고 심지어 낳은 것 자체를 후회한다고 말하며 폭언을 일삼았다. 그러던 어느 명절 아침, 온 가족이 밥을 먹는 자리에서 사달이 났다. "저놈은 도대체가 제대로 하는 게 하나도 없어. 무능한 놈. 엄마가 낳으라고 했으니깐 데리고 가서 책임지세요." 하지만 아들은 무표정하게 가만히 앉아 있을 뿐이다. 곧 아이는 다니던 학교를 자퇴하고 자기 자신을 방안으로 가두어버린다. 아버지는 또다시 불같이 화를 낸다. "이런 건 가족이라고 말할 수 없어, 나는 매일같이 힘들게 일하는데, 너는 왜 이렇게 나를 힘들게 하냐? 왜 자퇴를 한 거야? 넌 왜 뭐든지 똑바로 하지 않는 거야? 말을 해봐! 제발 말을 좀 해보라고!" 아이의 마음은 점점 더 꽉 닫힌다.

여기서 아버지가 아들에게서 듣고 싶었던 말은 무엇일까? 이 대화의 문제는 듣고 싶은 말이 이미 정해져 있다는 것이다. 아버지가 원했던 대답은 이것이 아니었을까? "아버지, 제가 잘못했습니다. 앞으로 좀 더 노력해서 달라지겠습니다." 이미 듣고 싶은 말이 정해져 있는 것을 대화라고 부를 수 있을까? 그리고 아이는 과연 그 뻔한 정답을 몰라서 말을 안 하는 것일까?

이처럼 대화가 잘 되지 않는 가장 큰 이유는 애당초 대화가 아니기 때문이다. 먼저 앞서서 다뤘던 기사로 돌아가 보자. 기사에서 아버지는 가족의 행복에 관해서 대화하려고 회의를 열었다고 했지만, 실제로 경청하고 교감하는 대화는 아니었을 것이다. 성적이 떨어지는 아들에 대한 아버지의 추궁인 동시에 궁극적으로 듣고 싶은 말 또한 정해져 있었을 것이다. 반성하며 "아버지 좀 더 열심히 공부해서 성적을 끌어올려 보겠습니다."라고 말하기를 기대했을 것이다.

주변에서 이루어지는 대부분의 대화는 답정너로 진행이 된다. 답정너란 답은 정해져 있고 넌 반드시 그 대답을 해야 한다는 의미이다. 우리가 살아가며 행하는 수많은 대화는 이 틀에서 벗어나지 않는다. 머리로는 진정한 대화란 나와 너의 진실한 마음을 내보여 이해의 폭을 넓히는 것이라 믿지만, 실제로 많은 사람들은 상대방에게 듣고 싶은 말을 들었을 때 진정한 대화가 이루어졌다고 믿는다. 경우에 따라 그런 답이 나오지 않으면 불같이 화를 낸다. 우리 일상에서 제대로 된 대화를 얼마나 접할 수 있을까? 가족, 친구, 선생님, 직장 동료에 이르기까지, 답정너가 오가고 있을 뿐이다. 아이들은 처음에는 부모와 함께 답정녀 이상의 이야기를 나누고 싶어 한다. 자신의 꿈이나 소망, 고민, 미래에 대해서 말하고 싶어 하고, 부모의 마음이나 이야기에도 귀가 열려 있지만 많은 부모들은 그 이야기를 들을 줄 모른다. 아이들의 입장, 속마음, 생각은 자꾸만 쓸데없는 소리, 피곤한 재잘거림 취급을 당하고 시간이 가면서 아이들은 점점 마음을 닫는다. 어차피 말해봐야 귀담아듣지 않을 것이기 때문이다. 아이들도 어른들의 말처럼 "좋은 게 좋은 거지."라는 생각으로 정해진 답으로 일관하며 가면을 쓴 채 살아가지만, 결국은 끝없는 답정녀에 지쳐 폭발하듯 감정을 드러내기도 한다.

앙투안은 왜 비가 오는지 물어봐주길 바란다. 자신에게 저 질문만 해준다면 정말 멋진 대답을 할 준비가 되어 있다. 하지만 이미 정해진 답을 해주기 위해서 특정한 질문을 요구한다는 것 자체가 얼마나 웃기는 일인가? 어린 시절 자신의 아버지와 마찬가지로 앙투안 역시 아들과 대화를 거의 하지 않았다. 레옹이 아무 이야기도 하지 않았던 걸까, 앙투안이 단 하나의 질문을 기다리고 있었던 걸까? 어쩌면 그는 가족들이 보여준 애정을 무시한 채, 가족들이 날 무시하고 사랑해주지 않는다는 이상한 착각에 빠져 있었던 건 아닐까? 듣고 싶은 질문을 왜 해주지 않느냐며 원망하기보다, 그들의 목소리를 들을 수 있고 그들의 제스처를 살펴볼 줄 알았다면 조금은 달라지지 않았을까? 앙투안은 그의 아버지와 얼마나 달랐을까?

　이미 정답을 정해놓고 대화하는 것은 고정된 삶의 양식에서 비롯되며, 이는 관계를 심각하게 비틀어버린다. 특히 이 문제는 아버지와의 관계에서 더욱 크게 느껴진다. 한국에서는 더 심각한 문제다. 한국의 남성들은 명령과 복종, 수직적 인간관계에 익숙해 수평적 대화가 어떤 것인지 잘 이해하지 못한다. 정해진 답이 아닌 말을 내뱉었다가는 "어디서 말대꾸야?"라는 식의 윽박지름만 튀어나온다. 그렇기에 아이들은 대화해봐야 소용없다는 비관적인 단정을 내린다. 절대로 변하지 않을 것이라는 믿음과 시도해봐야 소용없다는 확신이 대화를 막아선다. 모든 것의 시작은 상대방의 말을 귀담아듣겠다는 태도에서 시작되지만 들으려고 해도 이내 짜증과 화부터 나는 사람들이 부지기수이다. 머리로는 이해가 되지만 막상 해보면 또 다른 뒤틀림만을 불러오기 십상이다. 한마디로 잘 안 되는 것이다. 왜 그런 것일까? 그 이유를 아는 것이야말로 대화의 비밀을 푸는 방법일 것이다.

감정의 쓰레기통

대략 15년 전 아직 대학을 다니던 시절, 청소년 쉼터에서 아이들에게 기타를 가르쳐준 일이 있었다. 보통 가출 청소년이라 하면 부정적인 이미지를 떠올리기가 쉽다. 당시 내 마음속에도 가출 청소년에 대한 편견이 있었다. 하지만 막상 만나본 아이들은 보통 아이들과 생각이나 행동이 딱히 다를 바 없었다. 쉼터에서 살고 있지만, 아버지나 어머니와 지속해서 연락하는 아이들도 보았고 심지어 부모님이 자기한테 이런저런 것들을 해주기로 약속했다며 기뻐하는 아이들도 보았다. 가끔 의아했다. 가족 간의 사이가 나쁘지 않다면 그냥 집에 가지 왜 여기서 이러고 있는 것일까? 그러던 중 한 아이를 만났다.

처음엔 아이를 정말 이해하기 힘들었다. 도대체 왜 가출한 것인지 명확한 이유를 알 수 없었다. 특별히 불우한 가정도 아니었고 아버지와 지속해서 연락했다. 이 정도 사이라면 그냥 집에 가도 되지 않을까? 하지만 아이는 절대 집으로 돌아가지 않았다. 이도저도 아닌 상태에 머무르고 있는 아이의 마음이

궁금했지만 무턱대고 묻기도 겸연쩍어 그냥저냥 기타나 가르쳐주며 꽤 오랜 시간을 만났다. 그러다 많이 친해졌다고 생각되던 어느 날, 아이에게 왜 집으로 돌아가지 않는지 물었다. 그녀석의 입에서 속내가 나오기 시작했다.

"선생님 어차피 저는 집에 가봤자 인간 취급도 못 받아요. 맨날 아빠는 공부하라고 하는데 저는 공부하기 싫고요. 공부도 못하는 저 같은 애는 사람 취급을 안 해요."

"그럼 그냥 공부하는 척이라도 해보지? 일단 가서 무작정 열심히 하는 모습을 보여주고 그래도 안 될 때 네가 하고 싶은 걸 아버지한테 한번 말해봐. 그냥 솔직하게 공부에는 재주가 없는 것 같으니 네가 잘할 수 있는 걸 해보겠다고 말하는 게 낫지 않을까? 너 여기서 이러고 있어봤자 달라지는 거 아무것도 없다. 너 실용음악과 가고 싶다고 했잖아. 근데 이런 식으론 절대 못 가. 내가 봐줄 수 있는 것도 한계가 있는 거고. 그냥 돌아가서 관계를 잘 유지하도록 노력하는 게 더 낫지 않냐?"

"선생님 저라고 말을 안 해봤을 것 같아요? 저도 여러 번 말해봤는데 말이 안 통해요. 더군다나 저는 우리 집에서 쓰레기통밖에 안 되는 인간이에요. 제가 사실 집이 싫은 건 단순하게 공부하기 싫어서가 아니에요. 우리 아버지는 저를 쓰레기통 취급한다고요. 아버지가 언제 저한테 와서 공부하라고 하는지 아세요? 자기가 밖에서 무시당하고 왔을 때, 안 좋은 일 당하고 왔을 때 그때마다 술을 엄청나게 마시고 와서는 저한테 화내고, 물건 집어 던지면서 윽박지른다고요. 아버지는 날 위해서 그런다고 하지만 전 이제 알아요. 그거 전부 다 아버지 열등감이에요. 콤플렉스라고요. 내가 왜 아버지 감정의 쓰레기통이 돼야 해요? 전 절대로 아버지처럼 살지 않을 거예요."

아이의 이야기를 들으며 이 흔한 비극의 한 가지 진실을 엿볼 수 있었다. 이 모든 일은 아버지의 아버지로부터 시작되었다는 것이다. 즉 아이의 할아버지 대에서부터 폭력이 대물림되고 있었다. 폭력적인 가정환경에서 존중받지 못하며 자란 아버지의 마음속에는 자신의 아버지(아이의 할아버지)에 대한 원망과 두려움이 가득했다. 자신은 절대로 저런 사람이 되지 않겠다고 생각했지만, 마음속 깊은 곳에 자리하고 있는 그림자는 그를 그렇게 내버려두지 않았다. 혐오하고 괴로워했던 아버지의 폭력적인 모습은 콤플렉스로 그 안에 심겨져 어느새 자기 아들을 향하고 있었다. 그가 아들에게 가하는 가혹한 폭언과 행동은 사실 아들에 대한 원망이 아니었다. 그 누구보다 자기 자신을 향한 비난이자 학대였다. 증오하던 아버지의 모습을 그대로 재현하고 있음을 알게 되고, 아버지가 심어준 비참함을 아들에게도 물려주고 있음을 깨달았을 때 어떤 기분이 들었을까? 그렇기에 아버지는 가해자인 동시에 피해자다. 아들을 사랑하지만 엄청난 폭력으로 상처를 남긴다. 왜 이토록 모순적일까?

인간은 가면을 쓴 채 살아가며 평소에는 그 자체가 자신이라고 믿기도 한다. 하지만 마음속 깊은 곳에는 누구도 알 수 없는, 심지어 나조차도 알기 힘든 그림자가 존재한다. 원시 문명의 신화를 찾아보면 햇볕이나 횃불에 비친 그림자가 또 다른 인격을 가진 채, 자기 자신을 지배한다는 이야기가 등장한다. 신화가 형성되던 그 옛날부터 사람들은 인간 안에 자기 자신도 알지 못하는 내면의 또 다른 존재가 있음을 본능적으로 직관했던 것이다. 하지만 사람들은 정작 자기 안에 있는 어둠은 잘 알지 못하고, 오히려 인식하기 거부한다. 보통 그림자는 낡은 인격, 안일한 것들, 인격의 열등한 부분, 부정적인 측면

이며 감추어진, 바람직하지 않은 성질의 총화이자, 잘 발전되지 못한 기능들이며, 강렬한 저항 때문에 억압되고 있는 것으로 정의된다.[4] 페르소나가 남에게 보여주고 싶은 나의 모습이라면, 그림자는 애써 보려 하지 않는 나의 모습이자 스스로 억압해온 내면이다. 만약 오직 행복했던 순간만으로 가득 찬 인생을 살아온 사람이 있다면 아마도 그 사람에게 무의식은 존재하지 않을 것이다. 오직 행복만이 가득한데 그것들을 억압할 이유가 없기 때문이다. 하지만 대부분의 사람들에게 잊고 싶은 것은 넘쳐난다. 불안함, 위기들, 갈등, 열등감, 그리고 치명적인 상처로 남을 기억 등 다 끌어안기에 버거운 경험들을 인간 정신은 깊은 무의식의 심연 안으로 던져 넣는다. 숨긴다 해도 그림자는 여전히 나의 일부분이지만 대다수 사람은 그 존재를 잊어버린 채 마치 한쪽 폐만으로 숨을 쉬듯이 살아간다.

만일 당신의 친구 중 한 사람이 당신의 결점을 비난할 때 마음속에 심한 분노가 끓어오른다면, 바로 그 순간 당신은 자기가 의

---

4 이부영, 《그림자》, 한길사, p75

식하지 못하고 있는 당신 그림자의 일부를 만난 것이다.[5]

　우리는 가끔 스스로도 납득할 수 없는 낯선 모습을 보이곤 한다. 한걸음 떨어져보면 별일 아닌데도 맹렬한 비난을 퍼붓거나 상대방을 조롱하고 무시하며 공격한다. 타고나길 개차반이거나 특별히 미성숙한 인격이기 때문은 아니다. 그 순간 나도 모르는 사이에 마음속 깊이 존재하는 그림자가 솟구쳐 오른 것이다. 내면의 그림자를 억압해놓아도, 그 존재는 다양한 방식으로 존재를 드러낸다. 잠에 들어 찾아오는 꿈은 억압된 내면이 그 모습을 드러내는 가장 일반적인 방식이다. 비록 두 번의 변형을 거친 것이지만, 꿈은 무의식에 담긴 그림자를 보는 왕도이다. 농담이나 말실수 같은 것도 실상은 억압된 내면이 바깥으로 드러난 순간으로 볼 수 있다. 하지만 이보다 더 쉽게 알 수 있는 방법은 바로 '투사projection'이다. 내면의 그림자는 끝없이 타인이나 집단에 투사된다. 그리고 투사가 이루어지는 순간 모든 문제의 원인은 상대방에게 있다고 착각한다.

5　칼 융, 《인간과 상징》, 이윤기 외 옮김, 열린책들, p168

예컨대 한여름에 어떤 여자가 노출이 많은 옷을 입고 가는 모습을 보았다고 해보자. 만약 그 모습을 보자마자, 저런 여자들이 문제라며 아무 이유도 없이 욕설과 비난을 가한다면 스스로 질문을 해볼 필요가 있다. "난 정말 저 차림이 그렇게 문제라고 생각하는 걸까? 저 여자에 대해서 뭘 알고 있나? 아무것도 모르면서 도대체 왜 비난을 가하는 건가?" 어쩌면 당신의 욕설은 자신에 대한 혐오나 어떤 욕망의 표출일지도 모른다. 투사는 이렇게 자신의 내면에 있는 문제를 직면하지 못하고 그 원인을 타인에게서 찾는 데서 비롯된다. 허세 또한 투사의 한 형태다. 우리나라에서는 주로 학벌이나 재산을 놓고 허세를 부리는 사람이 많다. 은근히 실제로 나오지도 않은 명문대를 나왔음을 암시한다든가 수입을 크게 부풀려 말하는 사람들이 적지 않다. 그러한 허세의 이면에는 대체로 열등감이 도사리고 있다.

그래서 페르소나라는 가면은 알고 보면 우리가 외면하는 그림자와도 밀접하게 연관되어 있다. 페르소나는 그의 그림자를 가장 잘 숨길 수 있는 모습일 가능성이 크다. 마치 상처 난 자리에 밴드를 붙이듯이 그림자를 잘 감출 수 있는 모습의 페르소나가 발현되는 것이다. 이에 학벌 콤플렉스가 심한 사람은 높은 학비를 지불하며 꼭 필요 없는 대학원을 다녀서라도 학벌을 올리려 하고, 돈 콤플렉스가 심한 사람은 재산을 실제 이상으로 과시한다. 따라서 내가 어떤 사람인지, 내 안에 어떠한 끔찍한 것이 담겨 있는지, 막연하게라도 알고 싶다면 내가 쓰고 있는 가면을 유심히 관찰해보면 된다. 어차피 가면의 대부분은 그림자를 숨기기 위한 수단에 불과하다.

그림자의 투사는 나 자신도 모르는 사이에 이루어진다. 우리는 매일같이 대화를 하며 살아간다. 그런데 나도 모르는 사이에 끝없이 투사가 이루어지고 있다면 어떨까? 내가 하는 말 한 마디 한 마디에 독이 묻어 있다면, 이런 사실도 모른 채 끊임없이 가족들에게 독을 쏟아내고 있다면, 그리고 가족들은 그것을 십수 년이 넘는 긴 세월을 감내하고 있다면 또 어떨까? 정말 무서운 건 말하는 사람은 결단코 그 사실을 모른다는 것이다. 오직 당하는 사람만 쓰레기통이 돼버린 채 고통 속에서 몸부림치고 있을 뿐이다.

자신의 그림자를 직면할 용기

어린 시절 앙투안에게 사랑하는 여자가 생겼다. 그녀의 이름은 퍼트리샤이다. 앙투안은 그녀와 함께하고 싶었지만, 그녀의 아버지는 앙투안에게 당장 헤어지라는 편지를 썼고 그 편지는 앙투안의 아버지에게 전달된다.

"V 아무개라는 사람한테서 편지를 한 통 받았다. 자기 딸이 어떤 남자(앙투안)랑 하룻밤을 보냈다고 적어놓았더구나. 앞으로 한 번만 더 자기 딸이랑 만나거나, 딸한테 전화를 하거나, 자기 딸을 단 1초라도 떠올리면 미성년자 유혹으로 고소하겠다고 하더구나. 네가 성년이 될 때까지는 내 책임이잖니. 그러니까 이 사람한테 그쪽에서 원하는 건 뭐든지 하겠다고 당장 편지를 써. 여기, 우표 값 80상팀."

그때는 1980년대 중반이었어. 난 막 열다섯 살이 되었고, 퍼트리샤를 정말로 사랑했어. 그러다가 느닷없이 칼침을 맞은 거였지. 이 80상팀이 바로 비겁한 남자로 태어나는 데 든 비용이야. 그날 저녁은 내가 아버지를 잃어버린 날이었고, 우리 두 사람의 비겁함이 정점을 찍은 날이었어. 바로 그날 저녁, 난 고아가 된 거야. 만일 그 날 저녁, 아버지가 두 팔 벌려 날 안아줬더라면 우리 둘 사이가 어 떻게 변했을지.

아버지가 날 남자로 대해주었더라면. 당신이 내게 물어봐주었더 라면. 그 여자애를 사랑하니? 그럼 가자, 자, 얼른 일어서. 그 여자 애한테 데려다줄게. 만약 여자애 아버지가 우리에게 면박을 주면 프로피온산 약병을 던져버리지, 뭐. 이렇게 끝낼 거야? 자, 어서. 난 이런 공상에 빠져서 웃었어.[6]

편지를 받아 든 앙투안의 아버지는 당장 그녀와 헤어지라고 말한다. 성년이 되기까지 아무런 사고도 치지 말라고 한다. 앙 투안과 아버지가 긴 침묵 끝에 나눈 대화였지만 서로의 진심 은 통하지 않았다. 아버지는 아들을 귀찮아하듯 꾸짖고, 아들 은 아버지에게 자신의 진심을 전하지 않은 채 원망만을 쏟아 내고 있다. 아버지는 아들에게 어떤 마음을 가지고 있었을까? 사랑하지만 방법을 몰라 표현을 못 한 걸까? 앙투안은 왜 자

---

6 그레구아르 들라쿠르, 《행복만을 보았다》, p39~41

신의 솔직한 마음을 아버지에게 말하지 못했을까? 앙투안은 아버지와 자신을 비겁한 인간이라고 말한다. 앙투안이 말하는 비겁함은 어쩌면 자기 마음을 이해하고 표현하는 것을 두려워하는 것이다. 아버지가 보여준 모습은 그에게 실망감과 증오심을 안겨준다. 그리고 자신에게서 아버지의 비겁함이 엿보일 때마다 그를 더욱 미워했고, 인생이 풀리지 않는 건 그의 비겁함을 물려받았기 때문이라고 생각했다. 모든 문제의 원인으로 아버지를 지목해버린 것이다. 하지만 앙투안 자신에게는 어떤 책임도 없는 걸까?

내가 어떤 사람인지 안다는 것은 세상에서 가장 끔찍한 것이 담겨 있는 상자를 열어보는 일과 같다. 상자 안에 무엇이 있을지 알 수 없으며, 상자가 무한히 많기에 더욱 두렵다. 사람에게는 살아온 세월만큼 많은 그림자들이 곳곳에 똬리를 틀고 있다. 하지만 상자 안에 담긴 것이 무엇일지 예측하는 것이 아주 불가능한 것은 아니다. 내 안의 괴물이 바깥으로 그 모습을 드러내는 순간, 즉 투사가 이루어지는 그 순간 자기 자신을 유심히 관찰해보는 것이다. 그때 내 마음속에 숨겨져 있던 또 다른 나의 모습을 만날 수 있다. 하지만 대다수의 사람들은 이런 자기 모습을 마주하기 두려워하고 또 부정한다.

　가끔 TV를 보면 많은 갈등을 안고 있는 가족이 나오곤 한다. 프로그램 속에서 가족을 대상으로 다양한 상담들이 이루어지는데 그중 가장 재미있는 상담법은 바로 사이코드라마이다. 사이코드라마를 만든 정신분석학자 제이콥 레비 모레노는 이 기법을 진실의 극장이라고 불렀다. 사이코드라마는 내담자들이 경험한 갈등상황을 직접 연기함으로써 자신의 문제를 깨닫는 방법이다. 가장 흔하게 볼 수 있는 것은 상대방의 모습을 각각 연기하는 것이다. 예를 들어 부부 사이에 문제가 많다면 남편은 아내의 모습을, 아내는 남편의 모습을 연기한다. 이러한 심리극을 통해서 얻을 수 있는 것은 무엇일까? 고통받는 상대방의 입장이 되어보라는 것일까? 그것보다는 낯선 나의 모습을 타인의 눈으로 바라보는 것이다.

　타인의 시선으로 바라본 자신은 도저히 받아들이기 힘든 괴물의 형상을 하고 있다. "이건 오해야! 뭔가 왜곡된 거야!" 그때 사람들이 보여주는 반응은 부정이다. 낯선 나의 모습에서 도망치려 하는 것이다. 하지만 그림자를 직면하는 것을 거부한다면, 그 괴물은 끝없이 고통을 안겨줄 것이다. 그리고 소통은 영원히 불가능해진다. 진정한 대화의 비밀은 내 안의 괴물을 인정하는 것에서 시작된다. 제일 먼저 필요한 것은 나 자신을 정확히 이해하는 것이다. 내 안의 그림자를 인정하는 순간, 너무나도 낯선 나를 발견하게 된다. 대단히 어렵고도 고통스러운 일이다. 하지만 그것 또한 나이기에 피할 수도 없는 노릇이다. 나 자신도 모르는 사람이 어떻게 타인을 이해하고 존중할 수 있을까?

앙투안 부자의 비겁함은 자기 자신을 직면하지 못했던 데에 있다. 나를 이해하고 받아들인 채, 상대방에게 표현할 수 있는 용기가 부족했다. 앙투안 역시 스스로를 이해하고 용서하는 시간이 필요했지만 그는 그런 깨달음에 도달하지 못한 채 불행의 원인을 가장 가까운 타인들에게서 찾기 시작했다. 그 첫 번째 대상은 바로 아버지였다. 나의 비겁함은 바로 아버지의 비겁함 때문이고, 나의 불행은 바로 아버지의 불행 때문이다. 하지만 이런 식의 원망은 자신에게로 되돌려질 뿐이다. 아버지 탓을 해 봤자 결국 불행해지는 것은 나 자신이며, 원망은 그 자체로 아무것도 바꾸어놓지 못하기 때문이다. 결혼 생활이 기대대로 흘러가지 않자 그는 이번에도 가족을 원망한다. 나를 받아들이지 않은 아내, 사랑을 주려는 내 마음을 모르는 아이들. 앙투안의 원망은 망상에서 그치지 않고 급기야 아이들을 살해하고 자신도 자살하려 한다. 다행히 그 시도는 실패로 돌아가고 그는 정신병원에 갇히고 만다.

정신병원에서 몇 년간의 치료와 상담을 받은 앙투안은 다시 세상 밖으로 나온다. 그리고 자신을 아는 사람이 단 한 명도 없는 완전히 낯선 멕시코의 한 마을에 가서 정착한다. 처음엔 누구와도 교류하지 않으며 살아간다. 어쩌면 홀로 있던 그 시간이야말로 그의 인생에서 가장 자유로운 시간이었을지도 모른다. 가족이라는 굴레에서 벗어난 채, 행복해야 한다는 강박관념에서도 벗어난 채, 오직 나 자신만 바라볼 수 있는 고독의 시간을 가진다. 그곳에서 앙투안은 아르히날도라는 소년을 만난다. 소년은 축구부 골키퍼였는데 실력이 영 별로였다. 앙투안이 어느 날 아이의 축구 연습을 도와주면서 새로운 인연을 시작한다. 소년의 밝은 모습에 앙투안은 점차 마음을 열고 누나인 마틸다도 알게 된다. 그녀에게도 말하기 힘든 큰 상처가 있었다. 아픔이 있어서 서로를 이해할 수 있던 그들은 자연스럽게 가까워진다. 시간이 흘러 아르히날도가 드디어 처음으로 축구경기에 출전하게 된다. 경기가 끝났을 때, 앙투안은 비로소 행복의 의미를 깨닫는다.

아르히날도가 승리를 알리는 선방을 하자마자, 아이들은 아르히날도에게 우르르 달려갔다. 그리고는 아르히날도를 골대 밖으로 잡아끌고 가마를 태우며 승리 기념 세리머니를 했다.

남동생이 공을 막아내는 순간 마틸다는 내 손을 꼭 움켜쥐었다. 그녀는 울고 싶지 않았다. 진정한 행복은 사람을 취하게 만들고 모든 것을 빼앗아가는 격렬함을 지니고 있다. 수줍음도 두려움도. 행복은 아주 고통스러울 수도 있고, 다리를 후들거리게 해 쓰러뜨릴 수도 있다. 불행이 그러하듯 말이다. 하지만 우리는 그런 말을 절대 입 밖으로 내뱉지 않는다. 혹여나 사람들이 행복을 경계하는 일이 벌어질까 두려워서. 그러면 모든 것이 무너질 테니까. 우리 모두 서로가 서로를 잡아먹는 야수가 되고 말 테니까.

잠시 후 아르히날도가 먼지를 잔뜩 뒤집어쓰고 기진맥진한 모습으로 우리가 있는 곳으로 오더니, 우리 둘한테 펄쩍 뛰어올랐다. 그가 작은 품으로 우리 둘을 안자, 우리 셋은 잠시 한몸이 되었다. 그 순간 마침내 깨달았다. 처음부터 내게 부족했던 것이 무엇이었

는지를.[7]

　앙투안은 누군가가 자신을 사랑해주길 끝없이 원하며 살아
왔다. 그러다 그것은 불가능하다고 결론 내린 채 이렇게 말하
기도 한다. "어른이 된다는 건 우리가 생각만큼 사랑받지 못하
고 있다는 사실을 깨닫는 거란다. 힘겨운 일이지."[8] 하지만 어
른이란 쓸쓸한 현실을 깨닫는 데서 그치는 사람이 아니라 자
기 자신을 스스로 사랑할 수 있는 사람을 의미한다. 아이들은
부모의 사랑을 얻고자 애쓰는 존재이지만 어른은 스스로를 아
낄 수 있는 존재이다. 앙투안은 여전히 타인에게서 사랑을 갈
구하고 있는 어른 아이에 불과하다. 앙투안에게 가장 필요한
것은 고독과 함께 자신을 들여다볼 수 있는 시간이었다. 아버
지를 비난하고 부인과 회사 때문에 가족이 무너졌다고 생각했
지만, 그가 타인에게서 본 것은 누구도 아닌 자기 자신이었다.
좋은 아버지 밑에서 태어났다면 좋았겠지만, 그렇다고 그의 분
노, 비겁함 따위가 전부 아버지 때문인 것도 아니다. 앙투안도

7　위의 책, p202
8　위의 책, p60

선택할 수 있었다. 어른이 된 그에게는 자기 인식을 바꾸고 변화할 힘이 있었다. 그가 가지고 있던 가족에 대한 생각은 거울에 비친 자신의 숨겨진 모습에 불과하다. 앙투안이 표현한 잔인하고 냉혹했던 가족들은 사실 그의 야수와 같은 그림자가 투영된 것에 불과하다. 그는 가족에게서 자신의 그림자를 본 것이다.

이제 앙투안은 뒤늦게 행복의 의미를 깨닫는다. 행복이란 과거나 미래에 존재하는 것이 아니라, 지금 사랑하고 사랑받고 있는 이 순간이 행복한 것이다. 하지만 행복한 순간에는 결코 그 의미를 제대로 알지 못한다. 참혹한 시간이 지나고 나서야 뒤늦게 깨달을 뿐이다. 조금이라도 자기 자신에 대해서 일찍 알았다면, 내 눈에 보이는 저들의 모습이 죄다 내 그림자의 투영에 불과하다는 것을 알았다면, 그 순간이 얼마나 행복하고 소중한 순간인지 알 수 있었을 텐데. 앙투안은 뒤늦게 아르히날도를 만나면서 깨닫는다. 소년의 모습은 누구도 아닌 잃어버린 자기 자신이라는 것을 말이다.

자신에 대한 절망, 무너져버린 부부의 신뢰, 사회에서 도태되

였다는 패배의식, 그리고 아이들에 대한 파괴적 폭력. 이 모든 것은 우리 사회에서 흔하게 볼 수 있는 것들이다. 이는 내가 누구인지도 모른 채, 타인에게 쏟아버린 내 안의 야수성이다. 그렇기에 자신의 그림자를 받아들이는 것은 단순히 성숙한 인격의 문제를 넘어 개인의 정신건강을 위해서도 반드시 필요한 일이다. 즉 내 마음 전부를 가지고 살아가는 것이다. 칼 융에게 있어 무의식은 더럽고 추악한 것이 아니었다. 도리어 거대한 창조의 호수와 같은 것이다. 내가 어떤 사람인지 안다는 것은 세상에서 제일 끔찍한 것이 담겨 있는 상자를 열어보는 일과 같다. 숨겨놓고 모른 척할 땐 비길 수 없이 두려운 공포의 대상이다. 하지만 그림자를 이해하고 받아들일 수 있다면 그것은 새로운 나를 찾고 창조할 수 있는 거대한 잠재성의 호수가 될 것이다.

끝으로 일산 신원 도서관에서 있었던 이야기를 해볼까 한다. 강연을 끝마친 자리에서 한 아버지가 자신의 이야기를 하고 싶다고 손을 들었다. 그분이 전한 자신의 이야기를 옮겨보겠다.

"제가 짧게라도 제 경험을 이야기해볼까 합니다. 제 아들은 지금 대학교 1학년입니다. 중학교 시절에 말도 못 할 정도로 엄청난 질풍노도의 시기를 보냈습니다. 아마 아들을 키우는 집은 이런 경우가 많은 것 같아요. 저도 정말 갈등이 많았습니다. 그런데 지금은 아들이 대학 1학년인데 많은 것을 상의도 하고 30분씩 전화를 하기도 하고 이렇게 사이가 좋습니다. 사실 저도 저 자신이 아들과 이렇게 바뀔지는 몰랐어요. 이렇게 바뀌게 된 계기를 말해볼까 합니다. 중3 시절에 아들과 갈등이 극한의 상태로 갔다가 어느 하루는 그냥 너무 답답해서 제가 이렇게 말했습니다. 네가 이렇게까지 하는 모습을 바라보고 있으니 결국 아빠가 잘못한 것 같다. 너를 바라보면서 아빠가 나에 대해서 많은 고민을 해봤는데 결국 나 자신이 문제였던 것 같다. 아빠는 너한테 용서를 구하고 싶다. 날 때리고 싶으면 때려라. 정말 진심으로 때려라. 하지만 아들이 아버지를 때릴 수는 없잖아요. 그날 아들과 저는 부둥켜안고 울었어요. 선생님은 영화《식스 센스》소개하시면서 영화 속 죽은 자는 사실은 우리 모두라고 말씀하셨는데 제가 생각하는 죽은 자란 우리 정신이 고정된 외부 가치에 멈춰 있을 때인 것 같아요. 전 우리 아들에게 '최소한 이 정도는 공부해야 하지 않나? 최소한 이 정도 대학은 가야 하지 않나?'라는 생각에 사로잡혀 있었어요. '이 정도는 해야 먹고 살 수 있잖아.'라고 생각했어요. 하지만 저는 외부의 가치에 사로잡힌 채 그걸 아들한테 강요한 것밖에 안 된 거였어요. 저는 그날 아들하고 부둥켜 울면서 내 안에 있던 그것들을 전부 무너뜨렸어요. 그냥 아들의 있는 그대로의 모습을 보기로 했어요. 그러니 원래 어렸을 때 보았던 너무나도 사랑스러운 아들의 모습이 보이는 거예요. 저는 이제 약간의 조언 정도만 해줄 뿐이지, 절대로 아들한테 이래라저래라 하지 않아요. 결국, 내 마음이 죽어 있다 보니깐 대화가 안 됐던 것 같아요. 아들을 탓하기보다는 나를 먼저 돌아보고 내가 살아 있는 자가 되어야 하지 않을까 그런 생각이 들었어요."

5

의미, 당신의 이야기는 그렇게 시작된다

사람은 누구나 살아가며 세 가지 질문을 가진
다. 태어난 이유와 살아야 하는 이유 그리고 죽음 이후에 대한
의문이다. 이를 존재 의문이라 부른다. 질문은 명확하지만, 그
답을 알기란 쉽지 않다. 삶은 그냥 주어져 있을 뿐이며, 주어져
있기에 이유를 묻는다. 이것은 그냥 받아들일 수밖에 없는, 우
연보다 더 우연적인 사건이다. 존재 의문 중 가장 절박한 것은
살아야 하는 이유이다. 인간은 과거도 미래도 아닌 지금을 살
고 있기 때문이다. 우리는 원치 않은 순간에 수많은 절망을 경

험한다. 내 인생에서 가장 소중한 것을 잃을 수도 있고 이제껏 살아온 내 삶 전체를 부정해야 할 수도 있다. 심지어 사는 것이 죽는 것보다 더 못할 수도 있다. 이런 일을 수없이 경험하다 보면 "도대체 왜?"라는 질문이 생기게 마련이다. 힘든 삶 앞에서 나름대로 삶의 이유와 의미를 찾으려는 것이다.

그럼 나에게 있어 가장 중요한 삶의 의미는 무엇일까? 어릴 때는 음악을 하고 싶었다. 몽상이 아닌 확고한 꿈이었고 이를 통해 이룰 수 있는 많은 것을 상상했다. 하지만 지금은 아니다. 20대 중반에는 변호사가 되고 싶었다. 그때는 변호사 외에 그 무엇도 생각해본 적이 없다. 하지만 지금은 아니다. 지금은 어떨까? 베스트셀러 작가가 되어 큰돈을 버는 게 나의 새로운 꿈일까? 그런 생각이 아예 없다면 거짓말이겠지만, 그것만을 위해서 살아가지는 않는다. 가족은 어떠할까? 부인과 아들. 억만금을 준다 한들 절대 바꿀 수 없는 소중한 존재들이다. 하지만 오직 가족만으로 나를 설명하는 것은 불가능하다. 사실 그 어떤 것도 내 삶의 의미를 설명하기에는 부족하다.

그러다 한 가지 중요한 것을 깨달았다. 삶의 의미는 고정되어 있지 않다는 사실이다. 단 하나의 의미로 나 자신을 설명하는 것은 불가능하고, 더불어 의미 하나에 나를 고정할 수도 없다. 인간의 정신은 끊임없이 변화를 추구하기 때문이다. 삶의 의미는 삶의 무게를 감당하고 극복하는 과정에서 끝없이 변화한다. 따라서 삶의 의미는 꽤 다양한 모습으로 나타난다. 단 하나의 의미가 아닌, 지금 이 순간을 살게 하는 다양한 이유가 있을 수 있다. 그럼 어떻게 해서 이토록 다양한 의미가 도출될 수 있을까? 이 질문에 니체는 흥미로운 답을 전해주었다.

인간 정신의 세 가지 변화

인간 정신의 첫 번째 변화, 낙타의 정신

공경하고 두려워하는 마음을 지닌 억센 정신, 짐을 무던히도 지는 정신에게는 무거운 짐이 허다하다. 정신의 강인함은 무거운 짐을, 더없이 무거운 짐을 요구한다. 짐을 무던히도 지는 정신은 이처럼 더없이 무거운 짐 모두를 짊어진다. 그러고는 마치 짐을 가득 지고 사막을 향해 서둘러 달리는 낙타처럼 그 자신의 사막으로 서둘러 달려간다.[1]

니체에 따르면 인간 정신은 세 가지 변화를 거쳐야 한다. 먼저 인간 정신은 낙타로 변한다. 낙타는 온순하고 사람을 잘 따르며, 무거운 짐을 지고 사막을 묵묵히 걸어나가는 참을성 강한 동물이다. 여기서 무거운 짐은 사회, 종교, 도덕, 관습이 전해주는 삶의 과제 같은 의미를 가진다. 다수의 인간은 때가 되면 학교에 가고 취업을 하고 결혼을 한다. 가족을 책임지고 사회에서 무거운 의무를 부담한다. 대부분의 사람들에게 이는 피하고 싶다고 피할 수 있는 것이 아니다. 니체는 이런 삶의 무게가 마땅히 져야 하는 것이라고 말했다. 낙타는 마땅히 해야 하는 것을 감내하는 정신이자, 견딜 수 있는 강인한 정신이다.

프란츠 카프카의 변신은 평생을 낙타로 살아온 한 남자의 이야기를 전해준다. 어느 날 아침 뒤숭숭한 꿈에서 깨어난 그레고르는 자신이 한 마리의 흉측한 벌레로 변한 것을 깨달았다. 침대에 누운 채 머리를 들어보니 아치형의 각질 부분들로 나누어진, 불룩하게 솟은 갈색의 배가 보였다. 몸뚱이에 비해

---

1 니체, 《짜라투스트라는 이렇게 말했다》, 〈제1부 세 변화에 대하여〉, 정동호 옮김, 책세상, p38~41

애처로울 정도로 가느다란 수많은 다리가 그의 눈앞에서 버둥거리고 있었다. 그레고르는 출장 영업 사원이다. 매일 아침 6시까지 출근을 해 수많은 사람을 상대해야 한다. 그런데 지금 시각은 6시 30분을 가리키고 있다. 얼른 일어나서 출근해야 하지만 벌레가 되어버린 그의 몸은 뜻대로 움직이지 않는다. 이윽고 그는 생각한다.

아아, 세상에! 나는 어쩌다 이런 고달픈 직업을 택했단 말인가. 허구한 날 여행만 다녀야 하다니. 회사에 앉아 실제의 업무를 보는 일보다 스트레스가 훨씬 더 심하다. 게다가 여행할 때의 이런저런 피곤한 일들이 마음을 더 무겁게 한다 (…) 상대가 늘 바뀌어 결코 오래 갈 수 없는 만남과 결코 진실하게 이루어질 수 없는 인간적 교류 등등. 악마여, 제발 좀 이 모든 것들을 가져가다오.[2]

더욱이 그는 가장이었다. 사업에 실패한 아버지, 천식을 앓는 어머니, 이제 열일곱 살이 된 여동생을 위해 돈을 벌어야 한다. 어느덧 시간은 7시 30분을 가리키고 지배인이 집에 찾아왔다.

---

2 프란츠 카프카, 《변신》, 이재황 옮김, 문학동네, p8~9

지배인은 그레고르가 수금한 돈을 몰래 훔쳐 빼돌렸기 때문에 출근하지 않았다고 생각한다. 그레고르는 벌레가 된 것보다 해고될까 봐 더 걱정이다. 결국, 그는 방문을 열고 밖으로 나간다. 지배인에게 얼른 출근해서 일하겠다고 말했지만, 가족과 지배인은 그의 모습을 보고 경악한다. 지배인은 도망쳤고 하녀는 비밀을 꼭 지키겠다고 말하며 집을 나가버린다.

그레고르는 어느 날 기괴한 모습의 벌레가 되었지만, 그 이유를 알 수는 없다. 마치 내가 태어난 이유를 알 수 없듯이 그냥 벌레가 되어버렸다. 상당한 당혹감 속에서 제일 먼저 떠오른 것은 오늘 처리해야 할 일이다. 빨리 출근하지 않으면 해고될지도 모른다. 사실 그의 삶은 가족을 위한 것이라고 보아도 무방하다. 가족을 위해 돈을 벌고 거기에서 기쁨을 느꼈다. 너무나도 힘든 일상이지만 그는 견뎌냈다. 가장인 자신이 무너지면 가족이 힘들어지기 때문이다. 혹자는 그레고르를 보고 바보라고 말할지도 모르겠다. 오로지 주어진 의무를 짊어진 채 희생하며 살아왔기 때문이다. 그에겐 자신의 삶이 없다. 항상 내가 아닌 타인을 위해서 살아간다. 그럼 그레고르는 정말 인생을 낭비한 바보인 걸까?

많은 이들은 낙타의 정신을 무척 부정적인 방향으로 해석한다. '아니오!'라고 말할 줄 모르는 노예로 보는 것이다. 하지만 내 생각은 다르다. 무거운 짐을 짊어져보지 않고는 알 수 없는 것들이 있다. 삶의 무게를 짊어져본 자만이 자신을 현실감 있게 인식할 수 있고 자기 존재 가치의 실마리를 찾을 수 있다. 쉽게 말해 내가 짊어진 짐이 어떤 의미를 가지는지, 과연 내가 감내할 수 있는 것인지 자문할 수 있다. 따라서 낙타의 정신은 허황되지 않고 구체적일 수밖에 없다. 현실을 살아낼 수 있는 적응력과 인내, 책임감 같은 유용한 근육을 가지고 있기 때문이다. 방구석에 누워 입으로 꿈만 꾸며 살아가는 사람은 낙타도 되지 못한 미성숙한 정신일 뿐이다. 오직 견뎌본 자만이 명령하는 법을 배운다. 세상의 수많은 낙타는 매일같이 공부하고 출근해서 돈을 번다. 어떻게 보면 지겨워 보이지만 그 짓눌림 안에서 삶의 의미가 도출된다. 견뎌본 자만이 삶을 제대로 이해하고 자신을 구체적으로 꿈꾼다.

그레고르의 삶은 니체가 말하는 낙타의 정신 그 자체이다. 비록 무거운 짐이지만 가족을 책임진다는 자부심이 있었다. 이것이 벌레가 되기 전의 그레고르가 가진 삶의 의미이다. 하지만 그는 거기에서 만족하지 못했다. 그것만으로는 기쁘지 않았기 때문이다. 실제로 그는 벌레가 된 자신을 바라보며 힘겨운 삶을 원망한다. 자기도 원하는 일과 새로운 도전을 하고 싶지만 그럴 수 없다. 매일같이 반복되는 하루가 너무나 고통스럽다. 더 슬픈 것은 이것이 언제 끝날지 알 수 없다는 점이다. 부모님이 진 빚을 다 갚아야만 이 생활에서 벗어날 수 있다. 일단 빚만 다 갚는다면, 그렇게만 된다면 거침없이 사장에게 걸어가 사표를 던질 것이다. 자신에겐 충분히 그럴 자격이 있다. 하지만 그는 사표를 쓴 이후 무엇을 할지에 대해선 말하지 않는다. 막연한 소망은 있지만, 그 내용은 알 수 없다. 아직은 낙타의 정신에 머물러 있기 때문이다.

인간 정신의 두 번째 변화, 사자의 정신

가장 쓸쓸한 사막에서 두 번째 변화가 일어난다. 여기에서 정신은 사자가 된다. 정신은 자유를 획득하고 정신의 사막을 지배하려고 한다. 여기에서 정신은 마지막 주인을 찾는다. 정신은 마지막 주인, 최후의 신에게 적대하려고 하고 정신은 승리를 위해 이 거대한 용과 격투하려고 한다. 정신이 이미 주인으로 여기지 않고 신이라고 부르지 않으려는 거대한 용은 무엇인가? "그대

는 마땅히 해야 한다" 이것이 거대한 용의 이름이다. 그러나 사자
의 정신은 "나는 바란다"라고 말한다. … 새로운 가치의 창조, 이것
은 사자도 아직 이루지 못한 일이다. 그러나 새로운 창조를 위한
자유의 획득, 이것은 사자의 힘이 할 수 있는 일이다.[3]

인간 정신에 두 번째 변화가 일어난다. 낙타의 정신이 사자
로 변한 것이다. 정신은 기존의 가치에 내포된 환상을 발견한
다. 자신이 짊어진 짐의 의미를 묻는 과정에서 그들이 말하는
가치의 허상을 깨닫는 것이다. 이에 낙타는 자유를 쟁취하여
스스로 사막의 주인이 되고자 한다. 그러기 위해선 용과 싸워
이겨야 한다. 여기서 용은 신을 말하지만, 더 넓게는 세간의 가
치를 의미한다고 봐도 무방하다. 용에게 맞선 사자는 나는 하
고자 한다고 말한다. 반면 용은 너는 해야 한다고 명령한다. 이
둘의 차이는 무엇일까? 앞에 있는 것이 권리라면 뒤에 있는 것
은 의무이다. 정신이 사자가 되는 것은 무조건적인 의무에서
벗어나 주인으로 거듭난다는 것을 의미한다. 가끔 어떤 사람들

---

3 프리드리히 니체, 《차라투스트라는 이렇게 말했다》, 황문수 옮
김, 문예 출판사, p53~54

은 내가 살아봐서 안다며 기존의 가치를 강요한다. 모두가 낙타처럼 살아가길 원하는 것이다. 하지만 사자의 정신은 여기에 '아니오!'라고 대답할 수 있다. 규범적 가치가 아닌 자신만의 자유의지를 포효하듯이 세상에 떨치는 것이다. 사자는 스스로 삶의 무게를 만들고 균형을 잡을 줄 아는 정신이다. 자신의 길을 스스로 선택하고, 자신에게 맞는 방식을 결정한다. 그리고 그것을 용기 있게 밀고 나간다. 견딜 수 있는 정신에 나를 잃지 않는 균형이 더해지는 것이다.

그레고르 잠자는 낯익은 일상의 세계에서 갑자기 낯선 존재로 전락해버린 자, 우리가 바로 타자라고 부르는 자의 이름이다. 내부자인 동시에 외부자인 그레고르는 다름 아닌 이십 세기의 인간들이 어느 날 갑자기 거울을 통해서 보게 된 진짜 나의 얼굴이다.[4]

사람들은 흔히 지금의 나에게서 벗어나 새로운 인간이 되고 싶은 욕망을 품는다. 미래의 나는 지금과는 약간 다를 것이고

4　장석주, 《들뢰즈, 카프카, 김훈, 천개의 고원 그리고 한국문학의 지평》, 작가정신, p149

다르기를 기대한다. 그레고르의 변신은 바로 그런 의미를 가진다. 변신은 어느 날 갑자기 만난 진짜 나의 얼굴이다. 벌레에 대한 혐오감을 제외하고 보면, 그는 완전히 다른 존재가 된 것이다. 그가 꿈꾸고 소망한 것이 무엇인지는 알 수 없다. 하지만 벌레가 되어버린 지금은 자신에 대해서 생각할 수 있는 순간이다. 벌레가 되어버린 난 어떤 존재인지, 이제부터 어떻게 살아야 할지 생각할 수 있다. 온전히 자기 자신만을 만날 수 있는 그리고 만나야 하는 순간이다.

사르트르에 따르면 인간에게는 반드시 그렇게 살아야 하는 목적이 없다. 도리어 자신이 어떤 존재이며, 앞으로 어떻게 살아야 하는지를 고민하고 결정하는 것이 인간이다. 이를 두고 실존은 본질에 앞선다고 말한다. 예를 들어 자동차나 핸드폰 따위의 물건은 존재의 목적이 분명하다. 자동차는 이동하기 위해 만들어졌고 핸드폰은 전화하기 위해 만들어진 물건이다. 주어진 기능만을 충실히 실행할 뿐이다. 하지만 인간에겐 정해진 목적이 없다. 얼마든지 자신의 삶을 선택하고 결단하여 완전히 다른 존재가 되는 것이 가능하다. 이것이 바로 포효하듯 외치는 사자의 정신이다.

이제 남은 건 반드시 가족만을 위해 살아야 한다는 목적에서 벗어나는 것이다. 벌레는 사자의 또 다른 모습이다. 과거에서 벗어나 맹수와 같이 스스로 새로운 삶을 만들 수 있다. 하지만 그는 바로 이 지점에서 무너진다. 그레고르는 자신의 변신을 쉽게 받아들이지 못한다. 도리어 자신은 무조건 그렇게 살아야만 하는 것처럼 과거에 집착한다. 지금의 삶이 너무나 불만족스럽지만, 그냥 참고 감내한다. 비록 지긋지긋할지언정, 가족을 통해서 자신의 존재 이유를 찾았기 때문이다. 하지만 그는 다른 삶을 꿈꾸지 않았던가? 왜 자기 삶의 모든 의미를 가족 부양에서만 찾으려고 하는 걸까? 사실 그의 가족들은 얼마든지 자신의 힘으로 살 수 있었다. 아버지는 얼마간 숨겨놓은 돈을 가지고 있었고, 아무 일도 못 할 것 같았던 어머니는 침상에서 일어나 일하기 시작한다. 어린아이인 줄 알았던 여동생도 아르바이트를 나간다. 돌볼 필요가 없는 자들을 위해 너무 많은 시간을 낭비한 것이다. 그레고르는 가족들을 잘살게 해주었다고 자부하고 있었지만, 그것은 허상의 의미에 불과했다.

그레고르에게 삶의 무게를 짊어질 수 있는 낙타의 정신은 있었지만, 자신의 삶을 스스로 만들어나갈 사자의 용기가 부족했다. 그는 사자가 되어 자신의 삶을 포효하고 싶었지만, 용으로 상징되는 가족은 너는 예전처럼 살아야 한다고 명령한다. 사실 가족들의 입장에서 그는 의무를 다할 수 없는 혐오스러운 인간에 불과하다. 예를 들어 가정을 책임지던 아버지가 갑자기 자신의 인생을 살고 싶다고 말한다면, 가족들은 과연 어떤 반응을 보일까? 새로운 삶을 원하는 그를 쉽게 응원할 수 있을까? 간단히 말할 수 있는 문제는 아니다. 어쨌거나 그레고르의 가족은 그에게 지독한 경멸을 보낸다. 완전히 낯선 존재가 된 그가 이해도 안 되고 이해하고 싶지도 않다. 이런 가족들 앞에서 그레고르는 외로움을 느낀다. 자신의 목소리가 낯설게 들리기 시작하고 가족들은 그의 말을 이해하지 못한다. 이러한 단절에서 극심한 소외가 발생한다. 그는 변화된 자기 존재를 받아들이지도 성찰하지도 못한다. 결국 그는 사자의 정신으로 변신하지 못한 채, 홀로 조용한 죽음을 맞이한다.

인간 정신의 세 번째 변화, 어린아이의 정신

형제들이여, 말하라. 사자조차도 하지 못한 일로서 어린애가 할 수 있는 일이 있을까? 왜 강탈하는 사자는 다시 어린애가 되지 않으면 안 되는가? 어린아이는 순결이며 망각이고 하나의 새로운 출발, 하나의 유희, 스스로 굴러가는 수레바퀴, 최초의 운동, 신성한 긍정이다. 그렇다, 나의 형제들이여, 창조라는 유희를 위해서는 신성한 긍정이 필요하다. 이제 정신은 자신의 의지를 의욕하고 세계를 상실한 자는 자신의 세계를 획득한다.[5]

　　이제 정신은 어린아이의 단계로 나아간다. 어린아이는 순진무구하며, 무엇이든 쉽게 망각하는 존재이다. 따라서 과거에 얽매이지 않은 채 새로운 일을 시작할 수 있다. 어린아이는 창조의 놀이를 즐기고, 새로운 일에 두려움이 없다. 아이들은 장난감이 없어도 하루종일 신나게 놀 수 있다. 스스로 게임을 만들고 규칙을 창조하여 즐겁게 하루를 보낸다. 이렇듯 어린아이의 정신은 삶을 놀이로 만들어간다. 이것은 삶을 무거운 짐으로 여기지 않는다는 것을 의미한다. 어린아이의 정신은 자신의 삶을 새롭게 구성해 축제의 장으로 만들어버린다. 삶이란 고정된 것이 아니라 끝없이 변화하는 것이다. 따라서 그 변화를 즐길 수 있

5　프리드리히 니체, 《차라투스트라는 이렇게 말했다》, 황문수 옮김, 문예 출판사, p55

어야 하고, 그 과정에서 새로운 가치를 창조할 수 있어야 한다.

영화 《인생은 아름다워》는 극한의 상황에서 삶의 의미를 찾아가는 주인공의 삶을 보여준다. 로마에 갓 상경한 시골 총각 귀도는 굉장히 유쾌하고 쾌활한 성격을 가지고 있다. 그는 로마에 오자마자 운명처럼 만난 여인 도라에게 첫눈에 반한다. 귀도는 재치와 유머로 그녀를 사로잡아 결혼하고 아들 조수아를 얻는다. 언제까지고 행복할 것만 같았던 가정은 전쟁과 함께 무너진다. 어느 날 갑자기 들이닥친 군인들은 귀도와 조수아를 잡아다가 어디론가 보내버린다. 그곳은 아우슈비츠 유대인 수용소였다.

수용소의 삶은 잔혹하기 이를 때 없었다. 입소하는 순간 끌려온 사람들은 두 무리로 나누어진다. 한 무리는 쓸모가 없는 자들로 곧바로 가스실로 끌려가 죽음을 맞이한다. 나머지 무리는 나름대로 쓸모가 있다고 판단하여 고통스러운 노동에 투입된다. 처음엔 조수아를 포함하여 상당히 많은 아이가 있었다. 하지만 아이들은 이내 사라진다. 전부 쓸모없다고 판단한 나치들이 가스실에서 죽여버린 것이다. 이제 수용소 내에 남은 아이는 귀도가 몰래 숨긴 조수아 하나뿐이다. 귀도는 심각한 고민에 빠진다. 이 저주받은 장소에서 어떻게 해야 아들을 지킬 수 있을까?

　먼저 귀도는 아들에게 수용소 생활을 게임이라고 속인다. 이곳은 단체 게임을 하는 곳이고 1,000점을 먼저 따는 우승자에게는 선물로 탱크를 준다고 말한다. 이에 조수아는 정말로 게임을 한다고 믿은 채 수용소 생활을 해나간다. 귀도는 절대적 절망에서 희망을 본다. 사실 그는 어떻게 표현할 수 없을 만큼 고통스러운 상황에 빠져 있다. 언제 죽을지 모르는 수용소에 아들과 함께 갇혀버린 것이다. 심지어 나치들은 아이들에 대해서도 한 치의 동정심도 없다. 사용 가치와 혈통으로 인간을 판단하는 그들은 아이들부터 다 죽여버렸다. 오직 조수아만 살아남은 상황이다. 이런 극단적인 상황에서 귀도는 긍정적인 의미를 찾으려 한다. 삶이 귀도에게 묻는다. "너는 왜 사느냐?" 그는 아들에게 즐겁고 행복한 삶을 선물하기 위해 산다고 대답한다. 이에 그는 지옥을 거대한 게임판으로 만들어버린다. 지옥 같은 삶의 한 부분을 게임으로 승화시켜버린 것이다. 그리고 아들의 삶을 두려움과 공포가 아닌 즐거움과 아름다움으로 가득 차게 만든다. 이것이 귀도가 살아온 방식이다. 이 영화는 어린아이의 정신이 무엇인지에 대한 실마리를 전해준다. 어떠한 상황을 맞닥뜨리든, 이를 어떻게 인식하느냐에 따라서 현실은 완전히 달라질 수 있다. 비록 그곳이 지옥의 한복판이라 하더라도 그 안에서 자신의 태도를 결정하고 의미를 만들어나가는 자신의 자유만큼은 지켜낸 것이다. 귀도는 인간이 만든 최악의 지옥에서조차 삶을 즐기는 방법을 가르쳐준다.

위버멘쉬, 진화하는 인간

어떤 사람에겐 삶의 의미가 그다지 중요한 문제가 아닐지도 모른다. 지금의 생활에 만족하고 행복하다면 이런 문제 따위는 생각조차 나지 않을 것이다. 또 분명한 목표가 있는 사람에게 삶의 의미는 거추장스러운 말장난에 불과한 것일지 모른다. 그럼에도 불구하고 의미를 중요하게 다루는 이유는 변화 때문이다. 인간의 삶은 수많은 변화의 소용돌이 속에 있다. 가장 소중한 무언가를 상실하거나 자신이 추구하던 무언가가 무너질 때, 그 어떤 희망도 보이지 않을 때, 반복되는 삶이 너무나 권태로울 때 우리는 삶의 의미를 찾게 된다. 남은 생을 살아갈 수 있도록 지탱해줄 무언가가 필요하기 때문이다. 더불어 지금과는 다른 삶을 꿈꾸거나 극적인 변화를 바랄 때도 삶의 의미를 찾는다. 이전과는 다른 새로운 삶을 살기 위해서는 이전과는 다른 내적동기가 필요하기 때문이다. 새로운 삶의 의미가 필요한 것이다.

우리는 왜 사느냐고 삶이 물을 때마다 스스로 답을 구해야 한다. 하지만 삶의 의미는 쫓아다니다 어느 날 문득 발견되어지는 것이 아니다. 삶을 통해 스스로 만들어가는 것이다. 자신의 삶과 동떨어진 곳에서 그럴싸한 뭔가를 찾아내는 것이 아니다. 삶의 의미는 내 삶의 단계 단계마다, 굴곡과 굴곡마다 내게 중요한 것을 새롭게 만들어내는 것이다.

그렇기에 삶의 의미는 사람마다 조금씩 다를 수밖에 없다. 같은 일을 하더라도 누군가에게 출근길은 고통스러운 하루의 시작이지만 또 다른 누군가에겐 새로운 희망의 시작이다. 누군가에게는 가족이 구속이지만 또 다른 이에게는 살아가는 기쁨이다. 똑같은 대상도 누구에겐 저주가, 누구에겐 축복이 된다.

따라서 삶의 의미는 단 하나의 진리로 정해지지 않는다. 지금 이 순간을 살게 하는 저마다의 이유가 내가 존재할 수 있는 근거, 즉 지금 내 삶의 의미가 된다.

니체는 세 가지 정신에 대해서 말해주었다. 내가 생각하기에 니체의 세 가지 정신을 꼭 기계적으로 분리할 필요는 없을 것 같다. 어린아이의 정신이 되었다하여 낙타와 사자의 정신이 사라지는 것은 아니다. 세 가지 정신은 동시에 살아 있다. 책임감과 새로운 것을 창조하고 즐기는 능력이 동시에 존재하지 못할 이유는 없다. 이 세 가지 정신은 모순되지 않으며 조화롭게 공존할 수 있다. 그러나 정신의 변화와 더 나은 사유를 억압한다면 낙타나 사자의 정신에 머무를 수밖에 없다. 중요한 것은 정신의 진보를 추구하는 태도이자 의지이다. 니체는 이처럼 기존의 가치에 예속되지 않고 자기 삶의 의미와 가치를 새롭게 설정해 나가는 자를 위버멘쉬라 부른다. 이들은 자신의 삶을 새롭게 만들어가는 사람이자 자기 삶의 중요한 의미를 새롭게 창조하는 자이다. 위버멘쉬는 어떤 궁극적인 목표로 설정되지 않는다. 오로지 진화하는 인간일 뿐이다.

니체가 말해준 세 가지 정신을 통해 내 삶의 의미를 하나로 꼭 집어서 설명할 수 없는 이유를 알게 되었다. 그는 끝없이 변화해 가는 정신을 말하고 정신이 나아가야 할 방향을 보여주었다. 그럼 나는 지금 어디쯤 와 있을까? 솔직히 말해 아직은 잘 모르겠다. 하지만 어디로 가고 싶은지는 확실히 알게 되었다. 이제 나에게 필요한 것은 그곳을 향해 나아갈 수 있는 나의 의지이다.

의미를 찾고자 하는 의지

빅터 프랭클은 2차 세계대전 당시 유대인 수용소에 갇힌 경험을 《죽음의 수용소》라는 책에 담는다. 죽음의 수용소에서 제일 먼저 경험하는 일은 삶과 죽음의 갈림길이다. 오른쪽이냐? 왼쪽이냐? 오른쪽으로 빠진다면 작업실로 빠져 살아남지만, 왼쪽으로 빠진다면 가스실로 끌려가 죽음을 맞이한다. 아무런 이유도 없이 수용소에 끌려가 처음 보는 낯선 자의 판단에 따라 삶과 죽음이 갈려버린다. 어처구니없는 죽음에는 그 어떤 이유도 의미도 없다. 살아남은 자들은 모든 것을 빼앗긴다. 먼저 옷을 다 벗어야 하고 몸에 난 털을 다 깎아야 한다. 서두르지 않으면 채찍질이 온몸에 날라온다. 그러다 문득 깨닫게 되는 것은 벌거벗은 실존 외엔 아무것도 남은 것이 없다는 사실이다.[6] 그는 죽음만이 가득한 그곳에서 한 가지 진리를 깨닫는다. 살아야 하는 이유는 의미를 찾으려는 의지를 가진 자에게만 나타난다. 삶의 의미가 중요하다고 하여 누구나 찾을 수 있는 것은 아니다. 바로 내 곁에 의미가 있다고 하여 누구나 발견할 수 있는 것도 아니다. 자신의 삶을 직시할 수 있는 용기가 필요하기 때문이다.

수용소 생활에서 가장 힘들고 절망적인 것은 도대체 언제 이 상황에서 벗어날 수 있는지 모른다는 것이다. 지옥 같은 삶은 멈추지 않고 반복된다. 벗어날 수도 도망칠 수도 없다. 끝없이 영원회귀하는 절망적인 삶을 두고 빅터 프랭클은 '일시적인 삶 provisional existence'이라 부른다.[7] 고통스러운 반복이 언제 끝날지 모르기에 조금씩 힘이 빠지는 걸 느낀다. 매일 웃고 울기를 반복한다. 하루에도 몇 번씩 내가 싫어지고 미워졌다가 다시 좋

---

6 빅터 프랭클, 《죽음의 수용소에서》, 이시형 옮김, 청아출판사, p43
7 위의 책, p127

아지곤 한다. 이것이 바로 일시적인 삶의 연속이다. 이런 상황에선 삶의 의미를 가질 수가 없다. 의미가 없기에 현재도 없고, 미래도 없다. 그냥 생존만 하는 상태이다. 미래가 사라진 이들은 스스로 퇴행하여 과거를 회상하는 일에 몰두한다. 눈을 감고 과거나 상상 속에서 사는 것이다.

모든 수감자는 극도의 허무주의에 빠져든다. 그 어떤 희망도 기대하지 않는 무기력함이 수용소를 지배한다. 이때 수용자들이 보여주는 심리적 반응은 무감각이다. 그 어떤 참담한 광경에도 눈 하나 깜빡하지 않는다. 감정이 완전히 무뎌진 채, 목숨을 부지하는 일 외엔 철저하게 무관심해진다. 어떤 이는 이를 못 견뎌 자살을 선택하기도 한다. 사실 어떻게 생각해보면 당연한 선택일지도 모른다. 살아남을 가능성이 거의 없는 상태에서 그 어떤 삶의 의미도 찾을 수 없기 때문이다. 오직 나를 기다리는 것은 고통의 영원회귀뿐이다. 내 삶이 더 나아질 거라는 그 어떤 희망도 없다. 벗어날 수도 도망갈 수도 없는 허무의 반복은 절대 멈추지 않는 무의미의 연속이다.

우리의 일상에서 일시적 삶을 경험하는 것은 그다지 어렵지 않은 일이다. 가정, 학교, 회사 등 어디나 수용소가 될 수 있기 때문이다. 어떤 날은 뭐든지 할 수 있을 것 같은 자신감에 넘치다가 다음날이 되면 나 자신이 쓸모없게 느껴진다. 우울감이 닥쳐오면 걷잡을 수 없다. 나에 대한 부정적인 생각은 꼬리에 꼬리를 물고 이어진다. 아무것도 나아지지 않을 것이라는 허무감만이 가득해진다. 모든 감정이 사그라진 채, 오직 남는건 패배한 나에 대한 혐오감뿐이다. 아마 많은 이들이 이런 감정을 느껴보았을 것이다. 이때 인간을 덮치는 가장 무서운 감정은 실존적 공허이다. 이는 삶의 의미를 잃었을 때 경험하는 인생의 무가치, 권태, 불안 같은 것으로서, 그 어떤 것으로도 채워지지 않는 허전하고 텅 빈 느낌을 말한다. 현대인은 자신이 진정 원하는 삶이 무엇인지 알지 못한 채, 기계적인 삶을 살아간다. 가끔 정말 바쁜 한 주가 지나면 끝없는 공허감이 몰려오곤 한다. 도대체 난 무엇을 위해 그토록 열심히 일했으며, 무엇을 위해 다가오는 월요일에 그것을 반복하는가? 도대체 이런 삶에 무슨 의미가 있을까? 그러다 문득 자신이 기계처럼 살고 있음을 깨달았을 때 실존적 공허를 느낀다. 새로운 가치를 창조하지 못한 채 반복되는 삶 속에서 스스로 몰락을 느끼는 것이다.

수용소에서도 긍정적인 무엇인가를 얻을 수 있는 기회가 분명히 있었다고 말한다. 하지만 대부분은 그것이 기회인지도 모른 채 그냥 지나쳐버린다. 강제수용소에 있는 대부분의 사람들은 무언가를 성취할 수 있는 인생의 진정한 기회는 자기들에게 다시 오지 않을 것이라고 믿었다. 그러나 실제로는 그렇지 않았다. 그곳에도 기회가 있고, 도전이 있었다. 삶의 지침을 돌려놓았던 그런 경험의 승리를 정신적인 승리로 만들 수도 있었고, 그와는 반대로 그런 도전을 무시하고, 다른 대부분의 수감자들처럼 무의미하게 보낼 수도 있었다.[8]

그럼 실존적 공허에서 벗어날 방법은 없을까? 빅터 프랭클은 놀랍게도 수용소에서 하나의 방법을 찾는다. 그에 따르면 인간은 그 어떤 극단적인 환경에서도 자기 행동의 선택권을 가진다. 실제로 몇몇 수감자들은 무감각 증세를 극복하고, 불안감을 물리쳤다. 가혹한 정신적 육체적 스트레스 하에서도 정신적 독립과 자유를 간직할 수 있었다. 비록 극소수에 불과할지라도 이들은 한 가지 진리를 알려준다. 인간의 모든 것을 빼앗아 갈 수 있어도 단 한 가지 마지막 남은 인간의 자유만은 빼앗아

---

8 위의 책, p130~131

갈 수 없다. 그것은 주어진 환경에서 자신의 태도를 결정하고 자기 자신의 길을 선택할 수 있는 의지이다. 이를 두고 의미를 찾고자 하는 의지라고 부른다.

빅터 플랭클에 따르면 인간은 어떤 상황에 놓여있더라도 자신이 어떤 인간이 될지 선택할 수 있다. 이것은 인간에게만 부여된 특권이자 능력으로 자신이 어떤 인간이 될지는 오직 그 사람의 내적 선택에 달려 있다. 어떤 불행한 상황에서도 우리는 우리에게 제일 소중한 것을 선택할 수 있다. 그런 의지는 우리네 삶을 관객에서 벗어나 주인으로 만들어준다. 삶의 의미를 찾고자 하는 의지는 최악의 절망에도 자신을 버리지 않게 하며, 그 어떤 상황에서도 나를 일으켜 세우는 힘을 준다. 따라서 자신만의 삶의 의미가 있는 자와 없는 자는 삶의 빛깔이 다를 수밖에 없다. 만약 삶을 목표달성의 과정으로만 이해한다면 의미는 무가치해질 것이다. 더 빨리 목표를 이루기 위해 수단과 방법을 가리지 않게 되기 때문이다.

반면 의미를 찾는 삶은 자신이 어떤 사람이 될지 선택할 수 있도록 도와준다. 내 가족을 위한 소박한 하루이든, 내 자아를 완성하기 위한 선택이든, 매 순간 내 행동과 태도에 깃든 의미를 질문하며 내 삶 전체를 관통하는 삶의 의미를 만들어간다. 내가 만들어가는 내 삶의 의미는 변덕스러운 세상 앞에서 오늘 내가 살아야 할 이유를 가르쳐 준다. 이때 우리의 삶은 중심을 잃지 않고 조금씩 앞으로 나아가게 된다.

오늘의 나와 화해하는 인문학

비좁은 선택지 위에서 이리 치이고 저리 치이다 보니 어느새 삶이 나를 이 자리에 데려왔다.

가끔 스치는 내 모습이 낯설고 부족해 보여 외면했다.

하지만 아무리 많은 사람들을 만나도, 열심히 일을 해도

점점 허무해지고 외로워졌다.

그때 인문학으로 돌아갔다.

소음에서 벗어나, 혼자만의 시간 속에서 한 권 한 권을 만났다. 점점 난해하게만 느껴졌던 옛 철학자들의 말이 생명을 얻었고, 나는 내 삶을 다시 읽기 시작했다.

내가 진짜 원하는 게 무엇인지, 무엇 때문에 살아야 하는지. 그날을 살기에 급급했고 답이 두려워 묻지 못했던 질문들이 내 안에서 되살아났다. 나는 비로소 내 목소리를 듣고 있었다.

혼자일 때만 느낄 수 있는 빛이 있다. 좋든 나쁘든 누군가가 명명해준 나에게서 벗어나 스스로 자신의 존재를 만나고 세우는 시간. 거기에 인간만이 느낄 수 있는 빛이 있다. 타인으로부터 도망치는 시간이 아니라, 외로움에 움츠러드는 시간이 아니라, 내 삶을 내 본성에 맞게 흐르도록 길을 여는 시간이다.

인문학과의 만남은 지극히 유쾌한 고독이었다.
그 안에서 하찮고 평범하게 느껴졌던 나와의 화해에 한 걸음 다가갔다.